고종 황제의 마지막 특사
이준

고종 황제의 마지막 특사
이준

| 이계형 지음 |

글을 시작하며

 필자가 이준을 처음으로 알게 된 것은 초등학교 때로 기억된다. 이준이 헤이그에서 열린 만국평화회의에 특사로 파견되었으나, 뜻을 이루지 못해 할복자살하였다는 내용이었고 그 삽화 장면이 지금도 생생하다. 그 뒤로 헤이그 특사하면 이준이 그 대명사처럼 머릿속에서 떠올랐지만 그 뿐이었다. 그러던 중 이번에 독립기념관에서 독립운동사 대중화의 일환으로 독립운동가의 열전을 편찬하는데, 필자가 참여하게 되면서 이준의 삶을 조명할 기회를 갖게 되었다. 하지만, 초학자인 필자로서는 이준을 제대로 그려낼 수 있을까 하는 걱정이 앞서기도 했다. 이준은 누구에게나 잘 알려졌지만, 다른 한편으로는 누구나 잘 모르는 인물이었기 때문이다.

 먼저, 필자는 이준 전기의 바이블처럼 되어있는 유자후의 《이준선생전》을 정독하면서 그의 연보를 작성해 나갔다. 그런데, 《이준선생전》에는 이준의 삶과 역사적인 사실들이 부합되지 않는 점이 적지 않게 드러났다. 다른 이준의 전기문도 크게 다를 바가 없었다. 그런데 더욱 필자를 당혹스럽게 한 것은 이준을 주제로 연구된 학술논문을 찾아보기 힘들었다는 점이었다. 그만큼 이준에 대한 역사적인 평가가 제대로 이뤄지지 못하고 있음을 반증하는 것이기도 하였다.

이에 이준의 생애와 구국운동을 제대로 밝혀낼 좋은 기회라 생각하여, 이준과 관련된 자료와 연구 논문들을 가능한 많이 모았고 이를 정리해나가면서 이준의 궤적을 밟아 나갔다. 이준은 마흔 아홉 해를 살았고, 그 가운데 10여 년 동안 구국운동에 힘을 쏟았다. 이준은 마흔 살 되던, 1898년 일본 망명지에서 돌아와, 관민공동회에 참여하면서 정치 일선에 뛰어들었다. 러일전쟁 당시에는 일제의 아시아연대론에 경도되어 일본군 지원에 나서기도 하였지만, 이내 일제의 황무지개척권 요구에 보안회와 대한협동회를 조직하여 저지운동을 펼쳐 나갔다. 이후 이준은 구국운동의 전면에 서게 되면서 역사적 인물로 부각되기 시작하였다.

이준은 친일 단체인 일진회에 맞서 공진회·헌정연구회를 조직하였고, 국민계몽을 위해 국민교육회·한북흥학회를 이끌었으며, 탁월한 언변으로 민중들을 계몽시켰다. 또한 국채보상운동이 전개될 당시에는 국채보상연합회의소를 조직하기도 하였다. 이렇듯 이준은 뛰어난 조직력으로 단체를 만들고 이끌어나갔다. 또한 이준은 근대법학을 수학한 인재로, 검사직에 있을 때에는 공정성과 원칙에 충실하여 호법신護法神이라 불리기도 하였다. 그리고 입헌군주제를 실현시켜 근대법에 토대를 둔 법치국가를 만들고자 노력하였다.

하지만 이준 자신이 옳다 여기는 일에는 소신을 굽히지 않았기 때문에 종종 수구파들이나 정부와 마찰을 빚기도 하였다. 때문에 감옥에 들어가기를 수차례 하였으며, 유배를 당하기도 하였다. 그런데 이준을 더욱 힘들게 하였던 것은 일본 제국주의 침략에 나라가 갈수록 기울어가는 점이었다. 이때 이준이 돌파구로 찾았던 것이 네덜란드 헤이그에서 열리는 제2차 만국평화회의였다. 평화를 주창하는 국제회의에 참석하여 일제의 한국 침략의 부당성과 실상을 낱낱이 밝혀 세계 각국의 호응을 얻어낼 수 있다면 독립을 보장받을 수 있을 것이라 판단한 것이다. 하지만 이미 세계 각국은 일제의 한국 침략을 인정하는 분위기였으며 일제의 계속된 방해로 이준 등의 특사활동은 빛을 보지 못하고 말았다. 이에 분함을 이기지 못한 이준은 음식을 끊기에 이르렀고, 결국 이억만리 타국에서 불귀의 객이 되고 말았다.

  이 책을 통해 이준의 생애와 구국운동이 전체 한국의 역사 속에서 어떻게 부침되었는지를 밝히는 계기가 되었다고 생각한다. 다만, 필자의 역량 부족으로 그의 정치성향이나 사상 등을 세밀히 분석하지 못하였다. 또한 필자의 게으른 탓에 더 많은 자료를 확보하지 못해, 지금도 명확히 결론을 내지 못하고 있는 이준의 자살설과 병사설을 시원스럽게 풀어내지 못했다. 2007년 올해는 이준이 헤이그에서 산화한지 100주년이 되는 뜻 깊은 해이다. 이를 계기로 이준 연구가 한 발작 나아가는 계기가 되었으면 하는 바램을 가져 본다.

  이 책이 나오기까지 많은 분들의 도움을 받았다. 그 가운데 최기영 교수님의 연구를 통해 많은 가르침을 받았으며, 오영섭 선생님은 필자가 미처 주목하지 못했던 부분들을 지적해 주었다. 특히 장석흥 교수님께서는 집필을 시작할 때부터 마지막 원고를 넘길 때까지 하나하나 점검해주시며 방향을 잡아주셨다. 그리고 사진자료를 선정해주신 독립기념관의 이명화·이동언 선생님의 도움도 컸다. 역사공간의 주혜숙님은 늦은 원고에도 불구하고 책을 잘 꾸며 주셨다. 이 모든 분들께 감사의 마음을 전한다.

2007년 1월

이 계 형

차례

글을 시작하며 4

- 어린 시절의 이준
  출생과 어린 시절의 슬픔 10 ｜ 북청향시를 보다 13

- 개항을 반대하다
  서울로 올라와 흥선대원군을 만나다 19 ｜ 김병시의 문객이 되다 23
  강화도조약을 반대하다 27 ｜ 원산 개항을 반대하다 31
  정부의 개화정책을 지켜보다 34 ｜ 낙향하다 39 ｜ 북청향시에 합격하다 41
  고향에 경학원을 설립하다 42

- 서구의 근대문명을 수용하다
  서울의 명망가 자제들과 어울리다 46 ｜ 순릉참봉이 되다 49 ｜ 법관양성소에 입학하다 53
  아관파천 후, 일본으로 망명하다 59 ｜ 일본에서 법학을 공부하다 67
  귀국 후, 만민공동회에 참여하다 69 ｜ 관민공동회를 개최하다 73
  다시, 만민공동회를 주도하다 79 ｜ 비밀결사 개혁당을 조직하다 86

- 일본 제국주의 침략에 맞서다
  러일전쟁 때 일본군을 위해 휼병비를 모금하다 90 ｜ 한성감옥에서 동지들을 만나다 96
  보안회를 결성해 일제의 황무지 개간권을 무력화시키다 99
  공진회를 조직해 일진회에 맞서다 105

- 구국운동을 전개하다

    국민교육회를 통해 교육에 힘쓰다 113 | 헌정연구회를 조직해 활동하다 117
    러일전쟁 후, 국제적 미아로 전락한 대한제국 121 | 민영환, 자결하다 131
    상동청년회에서 을사늑약 반대운동 전개하다 136 | 국민교육회 회장으로 활약하다 139
    평리원 검사로 임명되다 142 | 한북흥학회를 조직하다 144
    은사안恩賜案 성책문제로 체포되다 146 | 국채보상운동을 전개하다 152
    국채보상연합회의소를 이끌다 155

- 헤이그 만국평화회의 특사로 나가다

    고종 황제, 제2차 만국평화회의에 특사 파견을 계획하다 160
    이상설, 블라디보스토크로 건너가다 165 | 고종 황제, 만국평화회의 특사를 파견하다 167
    상동청년회에서 만국평화회의 특사 파견을 준비하다 170 | 고종 황제를 만나다 173
    거사를 위해 블라디보스토크로 떠나다 180
    페테르부르크에서 러시아 황제를 접견하다 186
    헤이그 만국평화회의에서 특사 활동을 전개하다 191 | 일제의 방해를 받다 194
    국제여론에 호소하다 199 | 헤이그에서 순국하다 202
    이준, 순국 후 55년만에 돌아오다 209

이준의 삶과 자취 219
참고문헌 225
찾아보기 228

어린 시절의 이준

출생과 어린 시절의 슬픔

이준李儁은 태어나면서 어려운 시련을 겪어야 했다. 그가 세살 되던 해인 1860년에 부모가 연이어 세상을 떠나는 불행을 당한 것이다. 1858년 12월 함경남도 북청군 속후면 중산리 발영동에서 아버지 이병권李秉瓘과 어머니 청주 이씨 사이에서 태어난 그의 초명은 성재性在라 불렀다.

천애 고아가 된 이준은 할아버지의 보살핌을 받고 지냈으나, 그나마 여섯살 되던 해에 할아버지 마저 돌아가시는 비운을 맞고 말았다. 이준에게 할아버지는 원래 친할아버지의 형님이었다. 이준의 아버지 이병권이 후사를 잇지 못하는 백부인 할아버지에게 양자로 입양하면서, 전통관습상 할아버지가 된 것이다. 그런데 다행히도, 아버지의 친부인 친할아버지가 생존하고 있었기 때문에 그는 친할아버지 슬하에서 어린 시절

북청시가

을 보낼 수 있었다.

그가 태어나고 자란 북청군 속후면은 동쪽의 대덕산大德山과 북쪽의 개마고원에서 갈라져 나온 차일봉 등 높은 산들이 병풍처럼 둘러싸여 있는 외진 곳이었다. 그러나 후치령(1,335미터)에서 발원한 남대천南大川이 질펀하게 북청을 가로질러 동해로 흘러나가면서 하류에 널따란 북평평야를 형성하고 있었다. 남대천의 수량도 제법 풍부해, 물산이 부족한 곳이 아니었다.

부모를 잃는 어려움을 겪었지만, 이준은 할아버지의 사랑을 받아가며, 한학을 배워가며 비교적 넉넉한 유년기를 보냈던 것으로 전해지고 있다. 북청은 조선시대 유배지로 지목될 만큼 중앙과는 격리되었지만,

나름대로 유학의 기풍을 간직한 곳이기도 했다. 조선시대 세종 때 도호부가 된 이후 향교가 설치되고, 인조 때 노덕서원老德書院이 설립되면서 향사와 더불어 유생들의 강학이 이뤄질 정도로 유학이 발달한 곳이었다. 이항복을 기리는 노덕서원은 북청 유림들의 세력기반을 이루고 있었다. 이항복은 1618년 1월 광해군의 폐모론에 반대하다가 북청으로 유배된 이래, 그를 따르는 문인들이 생겨났고크게 학문을 진작시키는 계기가 되었다. 하지만 북청에 유배된지 4개월 될 무렵인 5월 13일 이항복은 중풍이 재발하면서 세상을 떠나고 말았다. 인조반정 뒤 그가 신원伸寃되자, 그의 학문과 덕행을 추모하기 위해 북청 유림들이 노덕서원을 세웠다. 그 뒤 노덕서원은 1865년 흥선대원군의 서원철폐에도 불구하고 살아남은 47개 서원 가운데 하나가 되었다.

이러한 영향으로 북청에는 수많은 서재와 서당들이 생겨났으며, 자연스럽게 유학적 면학분위기가 크게 일어났다. 북청이 거유巨儒를 적지 않게 배출하고, 관북지방의 문향으로 일컬어지는 것은 그러한 배경에서 비롯된 것이었다.

이준은 어린 시절 선산 기슭에 있는 완풍대군의 위패를 봉안하고 있는 기형사機形祠를 찾곤 했다. 완풍대군의 묘소는 함흥 북주에 있지만, 그의 후손들이 함흥·북청·명천 등지로 흩어져 정착하게 되면서 그의 사당이 지어지게 된 것이다. 완풍대군의 이름은 원계元桂이며, 조선 왕조를 건국한 이성계의 맏형으로 고려 왕조에서 팔도도통사의 조전원수助戰元帥를 지낸 장군이었다. 이성계가 요동정벌 4대 불가론을 주장하며 위화도 회군을 단행하자, 완풍대군은 아우인 이성계의 건국의 길도 열어주고 동시에 고려왕에 대한 충절도 지키기 위해 다음과 같은 절명시를 남기고 자결한 인사였다.

이 나라 땅 안에 이 몸 둘 곳이 어데일꼬	三韓故國身何在
죽어 지하에서 태백, 중옹을 만나 놀고 싶어라	地下願從伯仲遊
같은 처지에서 처신함이 다르다고 말을 말아라	同處休云裁處異
형만*으로 가는 바다에 뗏목 띄울 일 없으리라	荊蠻不必海沆浮

*형만: 옛날 초나라 지방을 일컫는데 태백泰伯과 중옹仲雍이 살았던 곳이다.

완풍대군의 18대 후손인 이준은 기형사에서 제를 올리면서 집안의 절의와 기개를 익혀 나갈 수 있었다.

북청 향시를 보다

여덟살 되던 1865년 이준은 할아버지의 배려로 인근 마을에 있는 서당에서 전통 학문을 배우게 되었다. 그러나 이준은 얼마가지 않아 서당을 그만두고 말았다. 서당 선생이 글을 가르치면서 당시 고종을 대신해 섭정하던 흥선대원군을 신랄하게 비판한 때문이었다.

때는 고종이 등극한 지 2년이 지났으며, 어린 아들을 대신하여 흥선대원군이 섭정하던 시기였다. 당시 흥선대원군은 시대의 흐름에 맞게 법전을 고쳐 《대전회통》을 편찬하였으며, 임진왜란 당시 불타버린 경복궁을 재건하기 위해 백성들로부터 원납전을 징수하였으며, 더욱이 서원의 특권을 철폐하고 서원 가운데 가장 큰 물의를 일으키던 청주의 만동묘를 철폐하면서, 유림들로부터 커다란 반발을 받고 있었다.

만동묘는 임진왜란 때 조선을 도와준 명나라 신종神宗을 제사지내기 위해, 1704년(숙종 30) 충북 괴산군 청천면 화양동에 지은 사당으로, 만동묘의 위세는 나라의 권세를 능가할 정도로 대단했다. 심지어 나라세금은 못내도, 화양동 세금은 반드시 바쳐야 한다는 말이 유행할 정도로 화양동서원의 위세는 하늘을 치솟았다. 이에 홍선대원군은 조선 왕실을 능가하는 세력을 인정할 수 없다고 판단하여 과감하게 화양동서원을 철폐하고 나선 것이었다. 그런데 전국 유림들은 만동묘 철폐는 군신 간의 윤리를 무너뜨리고 스승과 제자 간의 의리를 끊는 것이라며 다시 설치할 것을 주장하고 나섰다. 하지만 홍선대원군은 굴하지 않고 서원 철폐를 강행하였다. 이 때 이준은 어린 나이였지만, 전주 이씨의 종친인 홍선대원군을 비판하는 것을 참을 수 없었던 모양이다. 이준은 이렇듯 고루한 선생에게 배우는 것은 쓸데 없다 하여 서당을 그만 둔 것이다.

그 뒤 이준은 할아버지 밑에서 글공부를 하게 되었다. 당시는 외세의 거듭되는 개항요구가 거세지면서 조선은 하루도 조용한 날이 없을 지경이었다. 특히 북청에서 얼마 떨어지지 않은 함경북도 경흥부는 1864년부터 수시로 두만강을 건너와 통상을 요구하는 러시아인들 때문에 골머리를 앓고 있었다. 경흥부사는 외국과의 통상은 나라가 법으로 엄격히 금하고 있기 때문에 마음대로 결정할 사안이 아니라며 이들을 타일러 돌려보내곤 했으나, 러시아인들의 요구는 끊이지 않았다. 만약 이를 단속하지 못하면 경흥부사는 중앙 정부로부터 문책을 당해야 했기 때문에, 포수 수백 명을 경흥·은성·경원 등 국경지역에 배치하여 침입해 들어오는 러시아인들과 접전을 벌이기도 하였다. 또한 러시아인들과 통상하는 조선인을 가차 없이 처형하여 이를 경계토록 했다.

또한 1866년 평양에서는 미국 상선 제너럴 셔먼호가 평안관찰사 박규수의 퇴거 명령을 무시하고 교역을 요구하다가, 평양의 관민들에 의해 소각되는 사건이 벌어지기도 했다. 이어 흥선대원군이 천주교인을 학살한 병인박해를 핑계 삼아 프랑스의 로즈$^{P.\ G.\ Roze}$ 제독이 동양함대를 이끌고 1개월 동안 강화도를 점령한 병인양요도 발생하였다.

어린 시절 이준은 러시아인들의 무례한 요구들을 가까이서 접할 수 있었고, 또 각처에서 발생하는 외세의 침입에 대한 이야기들을 들으며 성장해 나갔다. 그의 삶에서 초창기에 보이는 척양적 태도는 그와같은 환경에서 비롯되었다고 보여진다.

이준이 열두 살이 되던 무렵, 북청에서 진사시의 1차 관문인 향시가 열린다는 소식이 전해졌다. 보통 문과 향시는 강원도·황해도를 제외한 각 도에서 실시되었는데, 시험 장소는 여러 고을 가운데 순서에 따라 두 곳을 선정하였다. 그런데 이번에는 북청에서 향시가 열리게 된 것이다. 어린 이준이었으나, 좋은 기회라 판단한 그는 망설임없이 향시에 응하기로 마음을 굳게 먹었다.

드디어 향시가 열리는 날, 인근의 수많은 사람들이 몰려들었다. 이때 이준은 전주 이씨 가운데 조선 왕실에서 갈려 나온 하나를 뜻하는 '선파璿派'에서 이름자를 따라 선재璿在라 개명했다. 이준 자신이 조선 왕조를 개창한 전주 이씨의 한 계파라는 것에 대단한 자긍심을 지니고 있었던 것이다. 그리고 이준은 당당하게 시험을 치렀다. 그러나 시험이 끝난 뒤 결과를 기다리는데, 시험관들은 이준의 문장이나 글씨가 좋아 시험에는 합격시켰지만, 나이가 어리다는 이유로 등제等第를 시켜주지 않았다. 즉 시험은 붙었으나, 향시에 급제하지 못하는 이상한 일이 벌어진 것이다.

이에 억울함을 참지 못한 이준은 시험관에게 거세게 항의하는 한편 시험답안지를 빼앗아 들고 북청 남문루에 올라 만인들에게 부당함을 호소하였다. 지나가던 사람들이 발길을 멈추고 그의 목소리에 귀를 기울였다. 그가 어린 나이에 향시에 입시하였다는 데 대견하기도 하였지만, 더욱 놀라운 것은 그의 당찬 기백이었다.

이 조그마한 사건은 삽시간에 온 북청 고을로 퍼져나가면서, 이준이라는 이름이 북청 고을을 크게 진동시켰다. 이 일을 듣게 된 사람마다 이준의 기개를 칭찬하지 않는 이가 없을 정도였다. 이때 이웃 마을의 주만복이라는 사람이 이준의 인물됨을 알아차리고, 자신의 딸과 혼인시키고자 혼사를 요청해 왔다. 혼사 요청을 받은 이준의 할아버지는 처음에는 주저하였으나, 의지할 데 없이 자란 어린 손자의 외로움을 조금이라도 벗어주기 위해 결혼을 시키기로 결정하였다. 이준은 선뜻 내키지 않았지만, 할아버지의 말씀을 거역할 수 없어 열두 살의 어린 나이에 장가들게 되었다.

장인인 주만복은 사위인 이준에 대해 각별한 사랑을 쏟았고, 전보다는 안정된 환경에서 이준은 학문에 매진할 수 있었다. 하지만 나이가 한두 살 더 들면서 이준은 외진 곳, 북청에서 머물러 있는 자신이 나약하게만 느껴졌다. 들려오는 소식으로는 세상이 급격히 변해가는 데 과거

이준이 북청향시를 치른 북청 관아

이준이 북청향시 시험관의 부당함을 호소한 북청 남문루

에만 매달려야 하는 것도 마음에 차지 않았고, 세상의 변화를 알고 싶은 욕구가 가슴 깊은 곳에서 밀려오고 있었던 것이다. 한동안 고민에 빠져 있던 그는 더 큰 뜻을 펼치기 위해, 부인과 숙부에게 편지 한 장을 남겨 놓은 채 무작정 집을 나섰다. 그러나 돈 한 푼 없이 떠난 길이라 얼마 가지 못하고, 도중에 병이 생겨 길가에 쓰러지고 말았다. 다행히 지나가던 행인에게 발견되어 집으로 돌아왔지만, 이준의 결심이 수그러진 것은 아니었다.

개항을 반대하다

서울로 올라와 흥선대원군을 만나다

급기야 이준은 열일곱살이 되자 1875년 2월 몇 푼의 노자돈을 챙겨 다시금 서울을 향해 발길을 내딛었다. 북청을 떠난 지 보름만에 서울에 도착하였지만, 연고하나 없는 곳에서 그가 갈 곳은 없었다. 우선 그는 북청물장수들이 운영하는 수방도가水房都家를 찾아 여장을 풀었다. 수방은 물을 내다 파는 사람들의 숙소로서, 흔히 '물방'이라 부르던 곳이었다. 이들 물장수들은 물방에서 잠만 자고, 식사는 물을 사는 사람의 집에서 물값 대신 한 끼씩 얻어 먹으며 살아가고 있었다. 당시 물장수하면 북청물장수가 가장 유명했는데, 그것은 19세기 이래 서울로 올라온 북청 사람들이 물을 각 집에 배달하면서 비롯되었다. 때문에 서울에서는 물장수하면 으레 북청물장수로 통할 정도였다.

북청물장수

    서울로 올라오면 뭐든지 할 수 있을 것이라 생각했지만, 무작정 올라온 터라 마땅한 일을 찾지 못하였다. 그저 서울의 이곳 저곳을 둘러보며 시간을 보냈으며 북청물장수들이 전해주는 얘기를 들으며 세상 돌아가는 소식을 접하곤 하였다. 그러는 가운데 그는 국내 정세에 관심을 갖기 시작하였다.

    특히 이준이 서울에 올라왔을 당시 조선 정부는 1875년 1월 일본 정부가 보내온 서계書契와 일본 군함 문제로 골머리를 앓고 있었다. 보통 서계는 왜倭나 야인들이 조선에 들어올 때 가지고 들어오는 신임장으로, 쓰시마도주가 발행하는 것이 관례였다. 여기에는 사행使行의 목적, 인원

수, 배가 머무는 포구, 체류 일자 등을 적고 진상하는 물건의 목록을 첨부토록 되어 있었다. 그런데 일본 정부가 조선에 보낸 서계에는 일본어로 작성되어 있을 뿐만 아니라, 그 내용에는 '대일본'이니 '황상皇上'이니 하는 문구가 적혀 있었으며, 끝에 일본 외무성의 직인이 찍혀 있었다. 이와 같이 서계가 옛날 격식과는 판이하게 다르자, 조선 정부는 이를 물리치며, 예전과 같은 격식으로 고쳐 다시 바치면 수리하겠다는 뜻을 일본측에 전달하였다.

하지만 일본은 자신들의 주장을 조금도 굽히지 않고 조선측에 양보만을 요구하였다. 그렇다고 조선으로서도 300년간 지켜져 온 격식을 하루아침에 폐기할 수 없는 노릇이었다. 이렇듯 양국간에 서계 문제로 신경전이 최고조에 달했을 때, 일본은 아무런 통보 없이 1875년 4월 일본 군함 운양호 등 3척을 부산에 입항시킨 뒤, 시위 포격을 하는 등 위기감을 조성시켰다. 이에 당황한 조선 정부는 예고 없이 군함을 입항한 것에 일본측에 항의해 보았지만, 일본은 아랑곳 하지 않았다. 오히려 일본은 군함은 전투에만 사용하는 것이 아니라, 외국 파견의 사신을 보호하는 데도 사용한다는 등의 궤변만 늘어놓았다.

조선 조정 내부에서는 이같은 상황이 발발했음에도, 뾰족한 대안을 내세우지 못한 채 허둥대고 있었다. 고종이나 일부 실권자들은 되도록 일본과의 분쟁을 일으키지 않고 관계를 도모하고자 하였다. 그러나 대다수 관리들은 배외사상을 내세우며 일본과의 새로운 관계를 원치 않았기 때문에 서로 합의점을 찾지 못하고 있었다.

그러던 차 이준은 1875년 6월 경 양주 직곡산장(지금의 의정부시 곧은

골)에 은거하고 있던 흥선대원군이 운현궁으로 돌아왔다는 소식을 듣고는 그를 만나보기로 작정하였다. 흥선대원군은 아들 고종을 대신하여 섭정을 시작한 지 10여 년이 흘렀을 무렵, 1873년 최익현의 하야 상소와 고종의 친정 선포로 더 이상 권좌에 머무를 수 없게 되었다. 이에 흥선대원군은 운현궁을 떠나 양주에 있는 그의 별장 직곡산장으로 내려가 은거에 들어갔다. 그 뒤 흥선대원군이 그곳에 머문지 1년이 되어 갈 무렵, 1874년 겨울부터 그의 환거를 요구하는 상소들이 이어졌다. 고종으로서는 난감하였다. 흥선대원군을 서울로 모셔오면 또다시 사사건건 부딪힐 것이 당연하였기 때문이다.

고종은 처음 몇 번은 상소를 물리치며 그냥 넘어가려고 하였지만, 시간이 흐를수록 흥선대원군을 서울로 모셔야 한다는 명분론이 더욱 힘을 얻게 되면서, 자기의 아버지를 언제까지고 양주에 머물게 할 수 없었다. 결국 고종은 이를 허락할 수밖에 없었고, 그 결과 흥선대원군은 서울을 떠난 지 1년 6개월 만에 다시 운현궁으로 돌아올 수 있었다.

이준은 반가운 마음에 무작정 운현궁으로 흥선대원군을 찾아갔다. 비록 운현궁에 유폐되다시피 한 흥선대원군이었지만 한때는 조선 내 최고의 권세를 누리며 나라를 다스린 국부와 같은 존재였다. 하지만 이준이 그를 찾은 것은 그런 권세가를 동경한 때문이 아니었다. 그가 어릴 적부터 흠모하던 흥선대원군을 직접 만나 세상 일에 대한 가르침과 조언을 받고자 하는 뜻에서였다. 흥선대원군을 찾은 이준은 처음 대면하는 자리였지만, 차분하면서도 담대하게 자신의 의견을 말했다.

이준은 당시 가장 큰 관심사로 떠오른 일본 정부의 서계와 일본 군함의 횡포에 대한 흥선대원군의 입장과 사태수습 방안에 질문을 던졌다. 그는 물방에 있으면서 세상 돌아가는 얘기를 수없이 듣곤 하였지만, 자세한 내막을 알 길이 없어 어느 것이 옳은 지를 판단할 가치 기준을 가지고 있지 못하여 답답하던 차였다. 정작 이런 문제를 두고 얘기를 주고받을 만한 사람이 이준에게는 없었던 것이다.

흥선대원군은 인사 청탁이나 문안 정도로만 짐작하고 있다가 당돌한 이준의 질문에 놀라지 않을 수 없었다. 흥선대원군 역시 이런 문제로 고심하고 걱정하던 차에 젊은 사람으로부터 진심으로 나라를 걱정하는 소리를 듣고는 진지하게 의견을 나누었다. 이때 두 사람 사이에 나눈 이야기가 구체적으로 무엇인지 밝혀지지 않으나, 이무렵 이준은 아마도 흥선대원군의 단호한 '왜양척'의 입장에 동감했던 것으로 여겨진다.

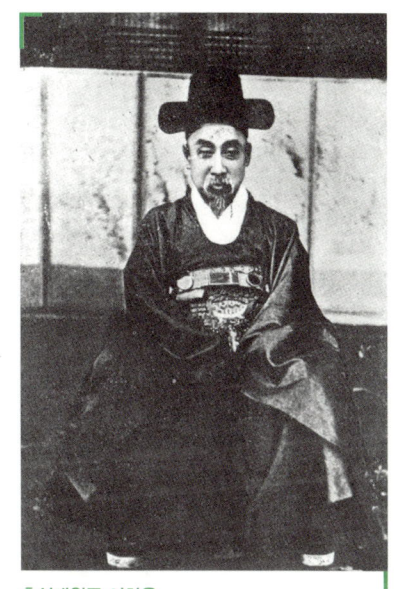
흥선대원군 이하응

김병시의 문객이 되다

이준은 흥선대원군을 만난지 얼마 지나지 않아, 이번에는 이조 참판 김병시를 무작정 찾아갔다. 이준은 물장수들로부터 김병시의 평판을 익히

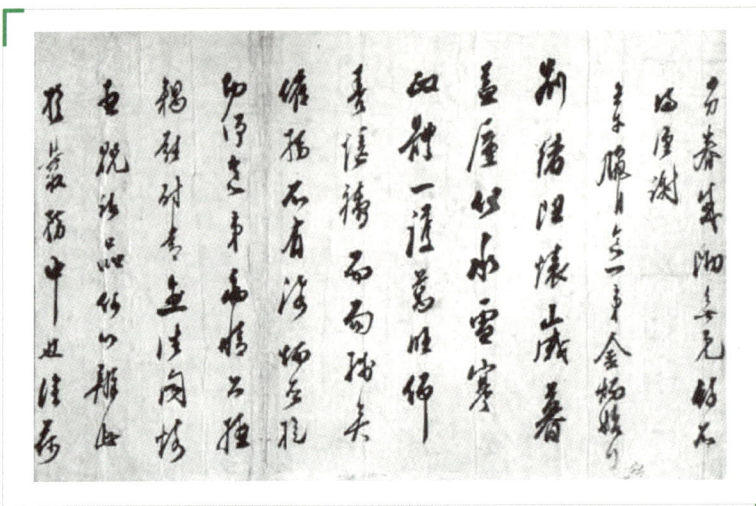
김병시 친필

듣고 있었다. 더욱이 백성을 생각하지 않는 개화는, 그것이 아무리 편리하더라도 아무 쓸모가 없다는 그의 입장에 호감을 가지고 있던 터였다.

김병시는 철종 대에 정시문과에 을과로 급제한 뒤, 문무관직을 두루 역임하였다. 특히 그는 안동 김씨 가문임에도 불구하고 1870년 흥선대원군에 의해 충청도 관찰사로 발탁되었으며, 그 후 도승지·홍문관 부제학·이조 참판 등 여러 주요 관직을 거친 바 있었다. 그는 원래 성정이 청렴하고 직언하는 것을 꺼리지 않는 꿋꿋한 인물이었기 때문에, 고종도 그를 항상 가까이 하고자 하였다.

이미 흥선대원군으로부터 이준의 인물 됨됨이를 들은 바 있던 김병시도 이준을 직접 만나보고는 호감을 가지게 되었다. 이준이 남다른 기개와 의리를 지니고 있는 인물임을 알아본 것이다. 이에 김병시는 이준을 문객으로 삼아 개인 비서 같은 일을 맡겨 자기 밑에 두고자 하였다. 당시 권세가 있던 집안에는 적게는 수명에서 많게는 수십 명의 문객들이 기거하곤 했었다. 이에 김병시를 모시게 된 이준은 그를 찾아오는 손님이나 식객들을 접대하고, 그들과의 담화를 통해 세상 돌아가는 예기를 그에게 보고하기도 하고 개인 사무를 처리해주곤 하였다.

그 후 김병시가 형조판서에 오르면서, 이준의 보좌 활동은 더욱 빛을 발하였다. 그는 법률상 잘못된 부분들이나 억울한 민원들을 김병시가 정확하게 파악할 수 있도록 도왔다. 아마 이준은 이를 계기로 훗날 근대법에 관심을 두게 되었는지 모를 일이다. 김병시는 이준의 강직한 태도에 그를 더욱 신망하게 되었고, '북해상의 옥 같은 사람'이라는 뜻에서 해옥海玉이란 호를 지어 주기도 하였다.

그런데 김병시가 형조판서에 오르자마자 나라에 큰 사건이 터졌다. 다름아닌 운양호 사건이었다. 1875년 4월 서계 문제로 조선과 일본 정부 간에 마찰이 일었을 때, 부산에 나타나 위협 포격을 한 뒤 일본으로 돌아간 운양호가 같은 해 8월 제물포 월미도 앞바다에 다시 나타났다가, 강화도 난지도 부근까지 거슬러 올라왔다. 병인·신미양요를 치른 지 얼마 안된지라 강화도에는 조선군 병사들의 경계 태세가 강화되어 있었다. 그런 상황에서 예고 없이 이양선이 나타나자, 조선군 병사들은 이 양선에 일제히 포격을 가하였다. 이에 운양호는 퇴각하는 듯하면서 강화도 초지진과 영종진 등에 포격을 가한 뒤 영종진을 무력으로 점령하였다. 일본군은 영종진 성내에 주둔하던 조선군인 35명을 죽이고, 관공

강화도에 침범한 일본 군함 운양호

강화도 초지진 포대

서와 민가를 불태우는 등 만행을 서슴지 않았다. 그 뒤 운양호는 유유히 일본으로 빠져 나갔다.

이 일을 두고 조정에서는 어떻게 대처해야 할 것인가 고심했지만, 고작 영종진의 수비를 강화한다는 정도로 마무리짓고자 하였다. 이준은 정부의 안이한 대처에 불만스러웠지만 어찌 할 수 없는 노릇이었다. 이때 김병시가 운양호 사건을 담당할 예조판서에 오르자, 이준은 일본의 침략행위에 적극적으로 대처하기를 바랬다.

그러나 북학과 서학의 영향을 받은 개화 세력이 성장하고 있었으며, 또한 청나라가 프랑스·미국과의 국교를 적극 권하고 있는 상황에서 조선 정부가 독자적으로 택할 수 있는 해법은 많지 않았다. 더구나 일본이 대만을 정벌했다는 소식 등이 조선에 알려지면서, 조선정부 내에서는 개항을 해야만 한다는 목소리가 점점 커져가는 상황이었다.

그런 가운데 일본 측은 운양호 사건과 관련해, 일본 군함 운양호가 음료수를 구하고자 초지진에 접근하였을 뿐인데, 조선측이 갑자기 포격을 가해오는 바람에 어쩔 수 없이 응전하였다면서, 변명을 늘어 놓았다. 그리고 부산에 거주하는 일본인을 보호한다는 명분으로 군함 3척을 부산에 파견하여 함포사격 연습을 한다는 구실로 조선 정부에 간접적 위협을 가해 왔다.

강화도조약을 반대하다

1876년 새해가 밝아오자, 일본은 운양호 사건과 군함을 앞세워 조선 정

조선과 일본 간 조약 체결을 위해 회의가 열렸던 강화도 연무당

부를 위협하며 조약 체결을 강요해 왔다. 이에 조정에서는 일본과의 조약 체결을 두고 찬반 여론이 거세게 일었지만, 정부는 일본의 요구를 받아들이기로 결정하였다. 그 뒤 1876년 1월 강화도 연무당에서 조선 측에서는 신헌이 일본측에서는 구로다黑田淸隆가 대표로 나서 회담이 시작되었다.

이 때 운현궁에 있던 흥선대원군은 신헌 등에게 수호를 파기하라고 강력하게 주장하는가 하면, 조정에서는 매일 의정부 회의가 열리면서 대책마련에 부심하였지만, 국론을 쉽게 결정짓지 못하고 있었다. 대부분의 대신들은 여전히 일본과의 수호는 절대 불가하다는 방침을 고수한 반면, 박규수 등 일부 개화 세력은 조선 군대로서는 일본 세력을 막을 수 없으니 일본의 요구를 들어주어야 한다고 역설하였다.

이러한 상황이 유림들에게 전해지면서 개항을 반대하는 배일운동이 거세게 일어나기 시작하였다. 이무렵 이준 역시 일본과 수교한다는 것은 나라를 팔아먹는 일이라 생각하고 있었다. 이준은 개항을 적극 저지하기 위해 위정척사파의 한 사람인 최익현을 찾아 갔다. 최익현은 1873년 11월 흥선대원군을 권좌에서 물러나게 한 죄로 제주도로 유배되었다가, 1875년 2월 유배에서 풀려난 뒤 위정척사파의 입장에서 개항 불가론을 펴오던 인물이었다.

일본과의 조약체결을 반대한 최익현

이준은 최익현에게 일본과 수호를 한다는 것은 나라를 팔아먹는 행위나 다름없으니, 도의道義로써 물리친 후 부국강병에 전력해야 한다고 역설하였다. 이러한 이준의 생각은 다른 나라에 문호를 개방하고, 발전해 나가야 하는 시대 흐름을 거스르는 일이었지만 어릴 적 고향에서 러시아·미국·프랑스 등 서구 열강이 강한 힘을 내세워 조선을 제멋대로 침략해 들어오는 것을 지켜보았던 그로서는 어쨌든 외세의 침략을 막아야 한다는 것이 그의 지론이었다. 또한 이준은 수백 년 동안 이어 내려온 전통과 사상을 하루 아침에 바꿀 수 없다는 입장을 가지고 있었다. 그는 나라를 부강하게 한 뒤 개항하는 것이 옳다고 생각했으며, 그래야 열강의 침략에 맞설 수 있으며 나라의 자주권을 지킬 수 있다고 여겼던 것이다.

최익현은 그의 가상한 생각에 칭찬을 아끼지 않았다. 그리고 이 일은 자기에게 맡겨 달라면서 앞으로 나라를 위해 더욱 애써 주길 바란다는 당부의 말도 잊지 않았다. 최익현과의 짧은 만남이었지만, 이준으로서는 큰 가르침을 얻게 되었다.

며칠 후 최익현은 도끼를 들고 궁궐 앞에 엎드려, 일본은 서양과 같다는 '왜양일체(倭洋一體)'를 내세우며 일본과의 화의를 배척해야 한다는 소장을 고종에게 바쳤다. 최익현은 만약 일본과 강화를 하게 되면, 도의가 땅에 떨어지고 경제 침략으로 나라가 곧 망할 것이라 생각한 것이다. 그러나 고종은 최익현의 상소 가운데 '패륜'과 '협박'의 어구가 들어 있다는 것을 죄목으로 삼아 그를 흑산도로 유배하고 말았다. 이준은 최익현의 충성된 마음을 몰라주는 정부가 야속하기만 하였고, 안타까움을 금치 못하여 유배를 떠나는 최익현을 숭례문 밖까지 배웅하였다.

이렇듯 반대에도 불구하고, 1876년 2월 조선은 일본과 강화도 연무당에서 12개조에 달하는 강화도조약을 체결하였다. 강화도조약은 우리나라가 외국과 맺은 최초의 근대적인 조약이었으며 쇄국정책에서 벗어나 개항을 하게 되는 큰 전환점이기도 하였다. 하지만, 일본의 강압에 이뤄진 불평등한 조약이었다. 조약 제1조에서 "조선은 자주국으로 일본과 동등한 권리를 가진다."라고 하였지만, 이는 조선에 대한 청나라의 종주권을 부정함으로써 일본의 조선침략을 쉽게 하려는 데 그 목적이 있었다. 즉 이 때문에 일본이 조선에 진출하는 길을 터놓게 된 것이

강화도조약 체결 당시의 모습

며, 그 뒤 조선이 근대자본주의의 침략을 받게 되고 식민지적 종속국으로 전락하게 되었다.

원산 개항을 반대하다

이준은 일본과의 조약이 체결되자 낙담하지 않을 수 없었다. 그 뒤 이준이 우려했던 대로 일본의 조선 침입은 더욱 강도를 높여나갔다. 강화도조약을 체결한 지 5개월이 지났을 무렵, 조선은 일본과 조일수호부록과 조일무역장정을 체결하였다. 이로써 개항장에서의 일본 화폐 유통과 양곡 수출입이 허가되었으며, 일본 선박의 항세(港稅)는 물론 수출입 화물의 관세까지 면제해 주게 되었다. 특히 관세의 면제는 조선의 관세자주권

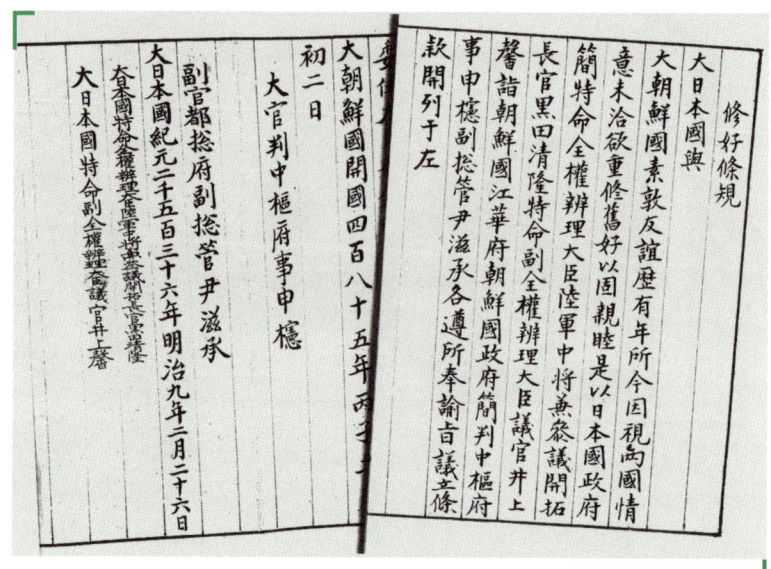

우리나라가 외국과 최초로 맺은 근대적 조약으로 불평등하게 체결된 조일수호조약(일명강화도조약)

을 무시한 것으로 다른 나라에서도 그 유례를 찾아볼 수 없을 정도로 매우 불합리한 조항이었다.

그리고 강화도조약 제5조에 따라 조선 정부는 20개월 이내에 경기·충청·전라·경상·함경 등 5도의 연해 중 통상에 편리한 항구 두 곳을 택해 개항해야만 하였다. 즉 동해와 서해에 각각 한 곳씩 개항할 것을 요구한 것이다. 부산항은 이미 조약 4조에 의해 개항지로 선택된 상황이었다. 이를 근거로 일본 정부는 1877년 9월부터 군함을 앞세워 서해안과 동해안 일대를 탐사하기 시작하였다. 탐사를 마친 일본은 같은 해 10월 하나부사花房義質 일본 대리공사를 개항장 문제로 조선에 파견하였다. 이

때 예조참의 홍우창이 하나부사와 개항장에 대해 논의를 시작하였는데, 하나부사는 함경도 영흥만의 문천군 송전리를 개항지로 할 것을 요구하였다.

이에 정부는 문천군은 태조 이성계의 조상 묘소가 위치하고 있다는 이유를 내세워 일본측의 제안에 난색을 표명하였고 그 대안으로 함경도 북청을 지목하였다. 하나부사는 개항장 후보지인 문천과 왕릉이 있는 함흥과는 멀리 떨어져 있어 별 문제가 되지 않는다며 문천 개항을 고집하였다. 개항장에 대한 양측의 입장 차이가 너무 커 쉽게 결말이 어려울 듯하였다. 이때 홍우창은 문천과 안변부의 중간지점인 덕원부의 원산진을 개항장으로 추천하였다. 하나부사는 개항장 문제로 조선측과 더 이상 협상이 어렵다고 판단하고, 일단 홍우창의 제안을 받아들이되, 원산진을 실측하여 적당하다고 인정될 경우에 최종 결론을 내겠다는 단서를 달았다.

1878년 4월, 따뜻한 봄이 되자 일본 군함은 원산에 도착해 측량을 시작하였다. 이에 조선 정부는 덕원부 일대에 대한 측량을 저지하고 나섰다. 덕원부 용주리는 태조 이성계의 고조인 목조로부터 조부에 이르기까지 어향御鄕이고, 안변부에 있는 태조의 증조 익조의 묘가 그 근처에 있어 개방할 수 없다는 것이었다. 그러나 일본이 이를 무시하고 측량을 계속해 나가자, 정부는 일본 외무대신에게 서계를 보내 항의했으나 묵살되었다.

이러한 일본의 작태를 지켜보던 이준은 그냥 내버려 둘 수 없었다. 그렇지 않아도 일본이 마음대로 조선을 드나드는 것이 내심 못마땅하던 차였다. 이에 홍우창을 찾아가 북청이나 원산을 개항하는 것은 있을 수 없는 일이라며 그 불가함을 역설하였다. 이 때 그의 생각은 개항을 한다는 것은 매국 행위이며, 우리나라에 치욕이 없는 외교를 위해서는 일본의 요구를 받아들여서는 안 된다는 것이었다. 개항은 우리 스스로가 준비되었을 때 하는 것이지, 남에 의해 강제로 이루어지면 그들의 놀음에 놀아나는 꼴 밖에 되지 않는다는 생각에서였다. 이러한 이준의 뜻과는 달리 1879년 8월 조선은 일본과 원산개항 의정서를 체결하게 되었다.

정부의 개화정책을 지켜보다

개항 후 조선 정부는 조금씩 변화되어 갔다. 개화파들이 대거 관료로 진출하는 것을 계기로, 또한 김기수를 정사로 일본의 신식 문물을 경험하고 돌아온 제1차 수신사들의 보고를 듣게 되면서, 조선은 비로소 점차 개화를 통한 부국강병책을 실시해야 한다는 것을 절실히 깨닫게 되었다. 그 결과 1880년대에 들어서면서 정부는 개화정책에 더욱 박차를 가하였다. 1880년에 김홍집을 책임자로 하는 제2차 수신사를 일본에 파견해, 일본 물정의 탐색, 인천항 개항 문제, 무관세조항 개정 등의 문제를 해결하고자 하였다. 그리고 정부는 새로운 정세에 맞는 관제개혁을 착수해 의정부 밑에 통리기무아문을 설치하고 12사를 두어 근대문물을 수용하기 위한 정부조직기구를 만들었다. 1881년에는 박정양·어윤중·홍영식 등을 신사유람단에 임명하고 일본에 파견하여 신문물제도를 시찰케 하였으며, 김윤식을 영선사에 임명하고 신식 기기 학습을 위해 청나

김기수를 정사로 일본에 파견된 제1차 수신사 행렬

제2차 수신사로 일본에 다녀온 김홍집과 황준헌의 《조선책략》

라에 유학생을 파견하기도 하였다.

그러나 이와 같은 정부의 적극적인 개화정책은 위정척사사상을 가진 유림들의 반대에 부딪히고 말았다. 김홍집이 귀국할 때 들여온《조선책략》이 불씨에 기름을 부은 격이 되고 말았다.《조선책략》은 청의 외교관 황준헌이 러시아의 남하를 막기 위해 저술한 것인데, 그 내용 가운데 조선은 중국·일본·미국과 연합해 러시아를 막아야 한다는 부분이 위정척사사상을 고수해오던 유림들을 자극한 것이다. 특히 경상도 유생 이만손 등은 이른바 '영남만인소'를 올려 서학의 수용을 반대한다는 입장을 분명히 밝혔다. 나아가 이들은 그 책을 가지고 들어온 김홍집을 처벌해야 할 뿐만 아니라 그 책도 불태워 없애야 한다고 주장하였다.

이어 유림들의 상소가 전국 각처에서 빗발쳤다. 고종은 상소를 올린 유림들을 유배 혹은 처형시키는 등 강압적으로 대처하여, 개화를 반대하는 세력을 잠시 잠재울 수 있었지만, 얼마가지 않아 정계는 더욱 술렁대기 시작하였다. 이 때 정권 재탈환을 엿보던 흥선대원군이 그의 서자 이재선을 왕으로 추대하려고 모의 하다가 사전에 발각되는 일도 일어났다.

정부의 일방적인 개화정책에 위정척사파들의 반대여론이 거세질 즈음에 신식군대와의 차별 대우에 불만을 품은 구식군대 군인들이 난을 일으켰다. 임오군란이 그것이다. 성난 구식군인들은 자신들의 봉급을 책임지고 있던 선혜청 당상 민겸호의 집으로 몰려가 집을 부수는 등 사태가 걷잡을 수 없을 정도로 커져 갔다. 이때 그들이 평상시 믿고 따르던 흥선대원군을 찾아가 진정하였다. 이를 지켜보고 있던 흥선대원군은 한편으로는 이들을 달래면서도 이번 일을 정권 탈취의 기회로 이용하고

임오군란 당시 일본공사관을 습격하는 장면

자 하였다.

　그 뒤 기세가 더욱 등등해진 구식군인들은 별기군 병영에 있던 일본 군인을 죽인 뒤, 일본 공사관으로 달려가 이를 포위하고 돌과 총탄을 날려 일본 순사 13명을 살해하였다. 그리고 곧장 민비가 머물고 있던 창덕궁 돈화문으로 난입하였으나, 이미 민비는 충주 장호원으로 피신한 뒤였다. 사태가 심상치 않게 전개되자 고종은 흥선대원군을 궁궐로 불러들여 이를 수습해 줄 것을 요청하였다. 이에 다시 정권을 쥐게 된 흥선대원군은 군란을 진정시키고 군제를 개편하는 등 뒷수습에 나섰다. 하지만 얼마가지 않아 민비의 요청으로 조선에 들어온 청나라 군대에 의해 모든 것이 일단락되었다. 흥선대원군은 임오군란의 배후인물로 지목

조선의 신식군대인 별기군

되어 청나라로 끌려가게 되었으며, 조선은 일본측에 공사관을 불태우고 일본군인을 죽인 것에 대한 막대한 배상금을 지불해야만 하였다.

이같은 상황에서 이준이 어떤 생각을 가지고 있었으며, 무슨 행동을 했는지는 구체적으로 파악되지 않는다. 다만 새로운 세상으로 변화해 가는 상황에서 종전과 달리 한 발 뒤로 물러선 채 지켜보았지 않았을까 추측해 본다. 다만 유자후의 《이준선생전》에 따르면, 이준은 김병시의 집에 소장된 서적을 읽으며 학문 닦는 일에 몰두하였으며, 이때 당시 김병시는 어디를 가든 이준을 앞세우곤 하여 세간에서는 이준을 두고 부대신이라고 부를 정도였다고 한다. 여하튼 그 덕분에 이준은 젊은 신료들과 친분을 쌓게 되었을 것이며, 급변하는 국내외 정세 변화를 읽힐 수

임오군란 당시 일본으로 쫓겨 난 대리공사 하나부사(둘째줄가운데)와 공사관원들

있었을 것이다.

낙향하다

김병시는 이준에게 더할 나위없는 신뢰를 보였지만, 한편으로는 이준의 성격이 급하고 과격한 점을 우려하기도 했다. 그래서 늘 이준에게 급한 성격을 다스리라는 충고도 아끼지 않았다. 그러던 1884년 봄 어느 날에는 급기야 이준과 김병시의 아들 김용규가 충돌하는 일이 벌어지기도 하였다. 하루는 고향 친구인 김인식과 친척인 이인재가 서울에 왔다가 오랜만에 이준을 찾아왔다. 이준은 반가운 마음에 김용규가 쓰던 담뱃대를 내주며 담배를 피우도록 권하였다. 이 때 공교롭게도 밖에 나갔

다 돌아온 김용규는 모르는 사람이 자기의 담뱃대를 물고 있는 것을 보고 매우 불쾌한 표정을 지었다. 이에 이준의 친구들은 계면쩍어 급히 방을 나가버렸다.

김용규는 양반의 담뱃대를 상민에게 함부로 물렸다며 이준을 책망하였다. 아무 말 없이 듣고 있던 이준은 그 담뱃대를 분질러 버리고는 "그따위 양반의 자존심을 버려라! 사람있고 물건 있지 양반 물건이라고 사람 위에 있을 것이냐. 한낱 담뱃대로 친구를 쫓고 책망을 주니 물건이 소중한 자와는 조금도 같이 있기 싫다."며 그 길로 집을 나와 고향으로 내려가 버렸다. 그 동안 차별받고 위축받았으며 장래를 무력화시킨 구체제의 붕괴에 대한 반동적인 힘이 그에게 남아 있었던 것이다.

김용규는 이준에게 모욕을 당했다는 생각에 분함을 참지 못하고 당시 함흥감사였던 이돈하에게 급히 연락하여, 이준을 체포해 치욕을 벗겨줄 것을 요구하였다. 이돈하는 당시 권세가인 김병시 아들의 요구를 무시할 수 없는 노릇이었기에, 북청에 사람을 보내 그를 잡아오도록 명하였다. 그런데 명령을 집행하는 아전이 이준에게 그 사실을 알려주면서 피할 것을 권유하였다. 그러나 이준은 피신하기는 커녕 스스로 함흥 감영의 이돈하를 찾아가 면회를 청하였다. 체포하려던 자가 자기 발로 순순히 들어오는 것을 본 이돈하는 남다른 인물이라고 생각하였다. 이때 이준은 조금도 굽힘없이 양반의 담뱃대 하나로 사람을 벌준다면 그것은 공법이 아니라 사법이라며 그 부당함을 말하고, 오히려 서울 양반의 자식들을 국법으로 다스려 잘못된 생각을 고쳐야 한다고 역설하였다. 이에 이돈하는 오히려 이준의 편에 서서 그에게 공감하며 후하게 대접한 뒤 돌려보내 준 일이 있었다. 그만큼 이준은 당당했고, 거칠 것이 없는 정의로운 성격을 지니고 있었다.

북청향시에 합격하다

1884년 봄, 이준은 고향을 떠난 지 10년 만에 돌아왔다. 하루하루를 숨 가쁘게 살아가던 서울 생활과는 달리 우선 마음이 편안하였다. 이준은 고향에 떨어져 있으면서 그를 기다려준 아내와 오랜만에 오붓한 시간을 보낼 수 있었다. 그리고 다음 해 장녀 송선松鮮이 태어났고, 1888년에는 장자 종승鍾乘(후에 용鏞으로 개명)이 태어났다. 그의 아들 이용은 훗날 만주에서 조직된 간민회 발기인으로 참여하였을 뿐만 아니라, 국민회군을 이끄는 독립군의 장군으로 만주를 누비고 다녔다. 그리고 해방 후에는 북한 정권의 초대 내각에서 교육장을 지내기도 했다. 아무튼 이무렵 고향의 생활은 이준에게는 더없이 행복한 나날들이었다.

   1887년 가을 이준은 북청에서 향시가 열린다는 소식을 듣고, 조금 늦은 나이지만 응시하기로 결심하였다. 어렸을 때 그가 이루진 못한 꿈을 이루기 위해서였다. 이때 이준은 35명 가운데 한 명으로 입시하였지만, 노덕서원 유생들의 추천 거부로 복시에 응시할 기회를 얻지 못하였다. 당시에는 초시에 합격한 뒤, 노덕서원의 추천을 받으면 서울에 올라가 복시를 볼 수 있는 특례가 주어졌다. 그런데 이준이 노덕서원의 추천을 받지 못하였던 것은 그 당시 노덕서원의 당색과 무관하지 않았다.

   노덕서원은 1627년(인조 5) 이항복을 기리기 위해 북청에 세워진 서원이다. 이항복은 1617년(광해군 9) 광해군의 폐모론에 반대하다가 북청으로 유배되어 왔는데, 이곳 유생들을 모아 학문을 가르치다가 그만 죽고 말았다. 인조반정 후에 이항복이 신원되자, 후학들이 그를 기리기 위해 서원을 세웠다. 그 뒤 1686(숙종 12)년에 이곳에 유배왔던 김덕성金德誠과 정홍익鄭弘翼 등이 서원에 추가로 배향되었으며, 그 다음해에 '노덕老德'이라 사액되었다. 그 뒤 민정중閔鼎重·오두인吳斗寅(1694년)과 이상진李尙眞·이세화李世華(1708년) 등이 추가 배향되었다. 그런데 이 때 배향된 인물들은 1689년 남인들이 서인을 몰아낸 기사환국己巳換局에 희생된 사람들이다. 그러므로 노덕서원은 함경도 내에서 서인계 당색을 지닌 대표적인 서원이 되었으며, 따라서 인조 이후의 서인계 정권으로부터 특별한 후원과 물질적 지원을 받을 수 있었다.

그러나 1741년(영조 17) 박문수朴文秀가 함경감사로 부임하여 이항복의 후손인 소론의 영수 이광좌李光佐를 서원에 추배하였다가, 노론계인 예조판서 서종급의 탄핵을 받아 배향을 거둔 적도 있었다. 이후 노덕서원은 소론과 노론간 분쟁의 온상이 되었다. 노덕서원은 지방색과 정치색깔이 강했던 만큼, 노론인 김병시의 문객이었던 이준을 받아줄 리 없었던 것이다.

고향에 경학원을 설립하다

북청 향시문제로 분함을 참지 못하고 있던 이준은 1888년 6월 함경도 관찰사로 조병식趙秉武이 부임해 오자, 그를 찾아가 노덕서원 원생들의 작폐를 바로잡아 달라는 소장을 올려 시정을 요구하였다. 조병식은 1885년 청나라에 가서 흥선대원군의 석방을 주청하였으며, 귀국 후 대사헌·예조판서·형조판서 등을 지냈다. 1889년 9월에 함경도 관찰사 재직 중에 흉년을 이유로 함경도 지역에 방곡령을 선포하였으나, 오히려 일본의 반발로 배상금을 물게 되어 그 책임으로 3등 감봉 처분을 받기도 하였다.

함경도 관찰사 조병식

이준으로부터 소장을 받은 조병식은 노덕서원의 유생들을 불러 상황을 파악한 뒤, 잘못된 부분에 대해 크게 꾸짖었다. 그리고 이준을 불러 별원을 따로 설립해 인재를 양성하여 노덕서원의 악폐를 없애도록 하였다. 이에 서울로 올라 온 이준은 이런 문제를 김병시와 상의한 뒤, 고종에게 상소를 올려 민정중을 모실 별원을 만들 것을 주청하였다.

노덕서원에서 모시고 있는 민정중의 위패를 가져와 서원을 만들고자 한 것이다. 민정중은 그의 형과 아우인 민시중·민유중 등과 더불어 조선 중기 때 여흥 민씨를 대표하는 인물들이다. 민시중은 숙종 때 대사헌을 지냈고, 민정중은 좌의정을 지냈으며, 민유중은 노론의 중진으로 사림 사이에 명망이 높은 학자이자 문장가였으며 숙종의 장인이었다. 민유중의 딸인 인현왕후는 남인과 서인의 치열한 당쟁의 소용돌이 속에서 장희빈에게 폐위되는 비운을 겪기도 하였다. 또한 민정중은 기사환국 당시 평안북도 벽동에 유배되어 그곳에서 죽고 말았다.

여흥 민씨 집안은 숙종 이후에 정승 7명, 판서 이상 고관 32명, 당상관 50여 명을 배출하였지만, 세도정치기에 들어서면서 몰락하고 말았다. 그 뒤 여흥 민씨는 고종의 왕후가 된 민비 이후 다시 부활하여 정권을 장악하게 되었다. 이때 이준이 민정중을 모실 서원을 설립하겠다고 주청해오자, 비록 서원 설립에 반대입장을 견지해오던 고종도 이를 허락하였다. 하지만 서원 형태가 아닌 사당 정도의 별원을 설립해도 좋다는 것이었다.

1889년 봄, 이준은 북청부사로 김유성이 부임해 오자, 그 곳 유생들과 함께 북청의 동쪽 노정봉 아래 경학원을 설립하였다. 도유사 전승진, 유사 이준, 시관 김유성 등으로 진용이 꾸려진 뒤, 북청의 선비 가운데 준수한 자 30인을 뽑아 학습에 힘쓰는 곳으로 만들고자 하였다. 그리고 이준은 2천여 평의 땅을 희사해 경학원 안에 집을 세우고 민정중의 영정을 봉안하였다.

그러나 정식 서원으로 인정을 받지 못한 관계로 민정중의 위패를 모셔오지는 못하였다. 그 뒤 1891년 11월 조기계 등 북청 유생들은 고종에게 상소를 올려, 노덕서원에 있는 민정중의 진영, 의복과 띠, 신과 지팡이를 옮겨올 수 있도록 하고, 사액해 줄 것을 요청하였다. 하지만 고종은 "서원의 서쪽 줄에 모신 신주를 옮겨다 함께 제사지내는 것은 마땅히 선비들의 정론을 따라야 할 것이다. 편액을 내려 주도록 한 요청은 갑자기 의논할 수 없으니 너희들은 물러가서 공부하도록 하라"고 할 뿐

이를 허락하지 않았다. 이로써 경학원을 서원으로 만드는 것을 이룰 수는 없었으나, 경학원은 북청을 대표하는 교육 기관으로 성장해 나갔다.

서구의 근대문명을
수용하다

서울의 명망가 자제들과 어울리다

1889년 가을, 이준은 북청에 경학원을 설립한 뒤, 김병시의 부름을 받고 다시 서울로 올라왔다. 1884년 당시 이준은 김병시의 아들과 불화로 인사를 못하고 그냥 고향으로 내려온 터라 항시 송구한 마음을 가지고 있었다. 또한 이준의 행동을 못마땅하게 여긴 김병시의 오해도 풀려 이준도 상경을 마다할 이유가 없었다.

5년 만에 다시 찾은 서울은 이전과는 너무나도 다른 모습으로 변해 있었다. 임오군란과 갑신정변을 거치는 등 부침을 거듭했지만, 이제 개화의 물결은 시대적 숙명으로 받아들여지고 있었던 것이다. 특히 강화도조약 이후 미국·영국·독일·러시아·프랑스 등 서양 열강과의 잇달아 수교가 이루어져, 거리에서 외국인들을 어렵지 않게 만날 수 있었다.

뿐만 아니라 한성순보(1883)와 한성주보 (1886)가 발간되어 국민들에게 신지식을 전달해 개화 의식을 심어주는 데 큰 역할을 담당하였다. 영어를 가르치던 동문학(1883) 대신에 본격적으로 서양의 문화까지 가르치는 육영공원이 설립되었으며(1866), 선교사들에 의해 배재학당과 이화학당과 국립병원인 광혜원이 설립되었다. 뿐만 아니라 고종이 머물던 경복궁의 건천궁에 처음으로 전등이 가설되고(1887) 전선이 가설되었다. 이와 같이 서울은 빠르게 변모하고 있었던 것이다.

이준과 막역하게 지냈던 이시영

서울로 올라온 이준은 명망가 자제들인 이회영·이시영 형제, 훗날 헤이그 특사로 같이 파견되는 이상설李相卨 등을 알게 되면서, 10년 차이에도 불구하고, 막역한 사이가 되었다. 그 뒤 이준은 점차 서구문명에 눈을 뜨기 시작하였다. 이시영은 좌찬성과 이조판서를 역임한 이유승의 아들로, 1885년 과거에 급제하여 세자의 시위侍衛를 맡아보는 정6품의 좌익찬 직을 맡고 있었다. 이때 이시영과 어울리면서 그와 가까이 지냈던 이상설과도 친분을 쌓게 되었다.

이상설은 충북 진천에서 태어났지만, 7살 때 동부승지 이용우의 양자로 가서 장동의 장박골에서 성장하였다. 그런데 이상설이 13세 되던 해에 양부와 생부의 친상을 치러야 했으며, 다음 해에는 그의 생모마저 그의 곁을 떠나보내는 슬픔을 겪어야 했다. 이상설은 3년상을 치른 뒤,

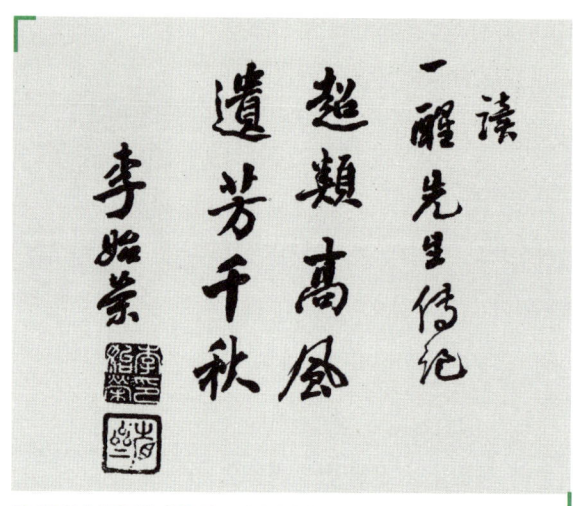
유자후의 《이준선생전》을 읽고 이시영이 쓴 휘호

16세에 결혼하였으나 거듭된 초상과 과거 공부로 심신이 약해져, 강원도 산골에 들어가 1년여 동안 요양을 하고 돌아왔다. 그 뒤 이상설은 장동에서 저동으로 이사하였는데, 공교롭게도 이시영과 앞뒷집에 살게 되어 친해졌다. 그리고 이상설은 이시영의 형인 이회영을 비롯하여, 남촌의 3재동으로 일컫던 간도관리사 이중하의 아들인 이범세, 문장에 능한 여규형·여준·여조현 등과 형제같은 교유를 이뤄 나갔다.

특히 여준은 훗날 정주 오산학교에서 교편을 잡다가, 이상설을 따라 북간도로 건너가 이동녕 등과 함께 서전서숙을 세워 후진 교육에 힘썼으며, 1907년 헤이그에서 열린 제2회 만국평화회의에 파견되는 고종의 특사 이준을 안내하기도 했다. 이들은 1885년 봄부터 8개월 동안 동대문에 있는 신흥사에 합숙하면서 매일 한문·수학·영어·법학 등 신학문을 공부하였다고 한다. 이준은 이시영과 어울리면서 이들과도 자연스럽게 사귀게 되었고, 새로운 세상에 점차 다가갔던 것이다.

1893년 이준이 서구의 근대문명에 눈을 뜨게 될 즈음 김병시가 조용히 그를 불러 결혼 문제를 꺼냈다. 이준이 고향을 떠나 서울에서 살려면 안정된 생활이 필요하다는 생각에서였다. 어느덧 35세의 중년에 이른 이준은 고향에 처자식을 둔 몸으로 재취를 한다는 것이 마음에 내키지 않아 한사코 사양하였으나, 김병시의 계속된 권유에 무턱대고 마다할 수 없는 일이었다. 고민 끝에 이준은 김병시의 제의에 따라 새롭게 결혼하였는데, 신부는 17세의 이일정李一貞이라는 이화학당을 갓 졸업한 신여성이었다. 나이 차도 적지 않았지만, 여기서 주목할 것은 신부가 신교육을 받은 여성이었다는 점이다. 이준에게 신여성을 맞아들인다는 사실은 불과 몇 년 전만해도 상상할 수 없는 일이었지만, 이미 이준의 생각과 사상은 전통적인 것에서 크게 벗어나 근대문명의 길로 들어서 있었음을 잘 보여주는 대목이라 할 수 있다.

순릉참봉이 되다

이준이 조그만 신혼집을 얻어 이일정 여사와 신혼살림을 시작할 무렵, 나라 안은 동학교도들에 의해 최제우 교조신원운동이 거세게 일어나고 있었다. 결국 1894년 1월 고부를 시작으로 동학농민운동이 일어나, 동학농민군들이 김제·부안·고창 등을 거쳐 전주성을 점령하는 등 그 기세가 갈수록 더해가자, 조선은 청나라에 파병을 요청하게 되었고 이를 빌

피체된 동학농민군

미로 일본의 군대도 파병되었다. 이에 조선 내에서는 청나라와 일본 간의 전쟁 기운이 감돌기 시작하였다. 이를 우려한 조선 정부와 동학농민군은 서둘러 전주화약을 맺고 해산하였다. 그 뒤 조선 정부는 청·일 양국 군대의 철수를 요구하였으나, 돌연 일본군은 1894년 6월 23일 경복궁을 점령해 민씨정권을 무너뜨린 후에 운현궁에 있던 흥선대원군을 앞세워 새로운 정권을 수립하였다.

그 뒤 일본군은 충청도 풍도 앞바다에 정박해 있던 청국 군함에 포격을 가해 격침시킴으로써 청일전쟁을 일으켰다. 청나라는 일본군의 거듭

청일전쟁 때 청군과의 격전을 앞둔 일본군

된 공격에 육지에서나 해전에서 모두 패하여 만주로 밀리기 시작하였다.

한편, 같은 해 6월 25일 조정에서는 개혁을 주관할 기관으로 김홍집을 총재로 하는 군국기무처가 신설되었다. 이 때 입각한 인물들은 서구 문물을 받아들이되 우리 고유의 사상은 지켜나가야 한다는 동도서기론자들이 주류를 이뤘다. 군국기무처는 중앙권력기구의 재조직을 비롯해, 청나라에 대한 독립의 천명, 양반·상인 등 계급 타파, 연좌법 폐지, 조혼 금지, 공사노비 해방, 과부 재가 허용, 재정제도의 일원화 등을 개혁해 갔으며, 특히 과거제도를 폐지하고 선거조례와 전고국조례를 제정해 종래 관리 임명제도에 일대 혁신을 단행해 나갔다.

이런 와중에 군국기무처, 흥선대원군, 고종과 민비 간의 갈등은 서로

물고 물리면서 골이 깊어져만 갔다. 더욱이 흥선대원군이 큰 아들 이준용을 왕위에 앉히고자 하는 공작을 펴자, 일본 정부는 박영효를 급히 조선으로 귀국시켜 흥선대원군의 재집권을 사전에 차단하고자 하였다. 이로써 박영효는 일본 망명 10년만인 1894년 7월 23일 귀국하게 되었다. 그 뒤 8월 4일 박영효는 고종으로부터 갑신정변 뒤 내려졌던 대역부도大逆不道의 죄를 벗게 되었다.

갑오개혁 때 내무대신으로 개혁을 주도했던 박영효

김홍집 내각이 1차 개혁 가운데 가장 의욕적으로 추진하였던 것이 의정부와 궁내부의 관제안이었다. 관제안은 일본의 신식 법전 등을 참조하여 근대 법치국가의 내각제도를 수립하는 것이었다. 그 결과 의정부 장관인 총리대신으로 하여금 각 아문을 통할하도록 하였는데, 6조를 개편한 내무·외무·탁지·군무·법무·학무·공무·농상 등 8아문이 설치되었다.

의정부 관제안이 마무리 된 뒤, 7월 22일 왕실 사무만을 담당하도록 하는 궁내부관제안이 제정·공포되었다. 궁내부에는 왕명의 출납을 맡아보던 승선원, 임금의 강습기관인 경연청, 규장각, 세자·왕태자궁·황태자궁의 강습기관인 시강원 등 15개의 부원이 있었다. 그리고 궁내부의 방계로 종친부의 후신인 종정부宗正府와 궁중의 의식·제향·능침·종실·귀족에 관한 사무를 관장하는 종백부宗伯府 등을 두게 되었다. 그리고

종백부 관제안에 따라 각 능에는 영令이 1명, 참봉 1명을 두어 능을 관리토록 하였다. 이때 이준은 1894년 8월 7일에 함흥에 있는 태조 이성계의 조부인 이춘李椿 비인 경비敬妃의 능을 지키는 순릉참봉純陵參奉으로 임명되어 첫 관직에 나아가게 되었다. 이준이 관직에 진출하게 된 배경에는 명확하지 않으나, 청일전쟁이 진행 중이고 나라일이 어수선하게 돌아가자, 김병시가 이준을 그가 전주 이씨인 점을 감안해 고향 부근에 있는 순릉의 참봉으로 내려 보낸 것이 아닌가 한다.

법관양성소에 입학하다

이준이 순릉참봉으로 내려가 있는 사이, 청일전쟁은 일본의 우세로 막바지에 접어들고 있었다. 그리고 1894년 11월 18일 일본에 의해 잠시 정권을 잡았던 흥선대원군이 일본의 계략으로 만 4개월 만에 정계에서 물러나고 말았다. 그 뒤 11월 21일 고종은 김홍집을 총리대신으로 삼고, 내무대신 박영효, 군무대신 조희연, 법무대신 서광범, 공무대신 신기선, 농상대신 엄세영 등을 임명하여 연립내각을 출범시켰다. 박영효는 비록 고종으로부터 대역부도의 죄는 면하였지만 정작 정계에는 진출하지 못하고 있다가, 일본 공사의 후원으로 그리고 왕실의 부마였던 관계로 다시 국왕과 민비로부터 신뢰를 얻어 이번 개각에 참여할 수 있었다.

연립내각을 출범시킨 고종은 군국기무처를 폐지하는 대신 중추원에서 회의를 주관하도록 하고, 전임 의정대신 김병시를 중추원 의장에 임명하였다. 이어 고종은 1894년 12월 12일에 주한 일본공사와 내무대신 박영효의 권고에 따라, 흥선대원군·왕세자·종친 및 군신을 거느리고 종묘에 나가 청국으로부터의 자주독립을 천명하는 '독립서고문'과 국가의 전반적인 제도의 근대적 개혁구상을 담은 '홍범14조'를 선포하였다.

'홍범14조'는 청나라의 종주권을 부인하고, 흥선대원군과 민비의 정치개입 배제, 근대적 내각제도 확립, 탁지아문 관할의 재정 일원화, 조세 법정주의 및 예산제도 수립, 지방제도 개편, 해외 유학생 파견에 의한 외국 선진문물 도입, 국민 개병주의에 입각한 군사제도 확립, 법치주의에 의거한 국민의 생명 및 재산권 보호, 문벌 폐지와 능력에 따른 인재등용 등을 밝힌 것이다. '홍범14조'는 비록 일본공사의 권고에서 비롯되긴 했으나, 당시 개화파 관료들의 개혁의지를 반영한 것이다. 또한 우리나라 최초의 근대적 정책 백서이자 최초의 헌법적 성격을 지닌 것으로, 국왕이 우리나라의 자주독립을 처음으로 내외에 선포한 문서로서 그 역사적 의의가 컸다.

그 뒤 고종은 의정부를 경복궁 수정전으로 옮겨 내각이라 고쳐 부르고, 내각 총리대신에 김병시, 궁내부대신에 이재순, 내부대신에 박정양을 임명하였다. 이때의 개각은 박영효와 김홍집 대신에 고종 자신이 개혁을 이끌어 가기 위한 의지에서 단행된 인사의 성격을 지니고 있었다. 특히 첫 내각총리대신에 김병시를 지명한 것은 보수와 개화의 소용돌이 속에서 합리적인 경세론을 펴고, 양자의 모순을 극복할 수 있는 인물로 판단했던 때문으로 해석된다. 그러나 고종의 의지와 달리 개각은 실제 단행되지 못하고 말았다.

그 대신 내무대신 박영효를 중심으로 제2차 갑오개혁이 추진되었다.

먼저 1895년 3월 각 아문을 '부部'로 개칭하였으며, 내각은 각부 대신들로 구성된 합의제 정책 심의기관으로서 각종 법률칙령안, 세입 세출의 예산 및 결산, 내외 국채에 관한 사항, 국제 조약의 체결 등에 관한 국가의 중대사를 심의, 의결한 뒤 국왕의 재가를 받아 시행하였다. 이와 함께 궁내부는 내각과 분리되어 대폭 간소화되었으며, 그 방계 기관이었던 종정부와 종백부도 폐지되고 말았다.

이때 종백부가 폐지된다는 소식을 듣게 된 이준은 자신의 앞길을 고민해야 했다. 그리고 언제까지 지방에 머무를 수만 없는 노릇이었다. 그러던 중 갑오개혁의 일환으로 법관양성소 규정이 공포되고, 학생을 모집한다는 소식을 접한 이준은 참봉직을 그만두고 서둘러 서울로 올라왔다.

법관양성소를 설치하게 된 것은 연립 내각이 내세운 개혁 가운데 하나였다. 당시 연립 내각은 군국기무처에서 의결한 개혁안을 수정, 보완해 당시 총 213건의 개혁안을 제정, 실시하였다. 먼저 중앙정부의 기구 개편과 더불어 지방제도에 대해서도 일대 개혁이 단행되었다. 즉, 종래의 도·부·목·군·현 등의 행정구역이 통폐합되어 전국이 23부 337군으로 개편되었다. 그리고 내부대신의 지휘·감독 하에 각 부에는 관찰사 1명, 참서관·경무관 각 1명을, 군에는 군수 1명을 파견해 일원적인 행정체계를 이루었다. 아울러 전국 9개소에 탁지부대신 관할하의 관세사와 220개소의 징세서를 설치해 조세 및 기타 세입의 징세사무를 담당하도록 하였다. 이어서 근대적인 군사 및 경찰제도 확립을 위한 〈군부관제〉·〈훈련대사관양성소관제〉·〈경무청관제〉 등이 제정되었다. 그리고 교육입국조칙에 따라 〈한성사범학교관제〉 및 〈외국어학교관제〉가 제정, 실시되었다.

법무대신으로 사법제도 개혁에 앞장섰던 서광범

그리고 사법 개혁안 가운데 하나로 행정관이 장악하고 있던 사법권을 독립시키는 일이었다. 이는 1894년 12월 16일 법무대신 서광범이 고종에게 "인재를 배양하고 법률을 익혀 훗날 지방재판관으로 임명하기 위함이며, 또한 때에 맞추어 재판관을 취학케 하여 법률을 행하게 하기 위한 것"이라며 법률학교 설치의 필요성을 건의하면서 비롯되었다.

그 뒤 서광범은 내부대신 박영효와 함께 제2차 갑오개혁을 적극 추진하면서, 사법제도의 근대화에 노력을 기울여 1895년 3월 〈재판소구성법〉·〈법관양성소규정〉 등을 제정하였다. 〈재판소구성법〉은 예전 행정관으로 하여금 재판업무를 담당케 하던 것을 고쳐 사법권을 독립시키기 위한 조처로 입안된 것이었다.

이에 따르면 재판은 2심제가 채택되었다. 제1심 재판소는 지방재판소와 개항장재판소로 나뉘었는데, 지방재판소는 원칙상 판사로 하여금 심판케 하고 예외적으로 합의제를 인정했다. 개항장재판소는 치외법권을 가진 외국인을 재판하였고 서울과 인천 등지에 설치되었다.

제2심 재판소는 고등재판소와 순회재판소로 구분되는데, 고등재판소는 나라의 최고 법원으로서 한성재판소와 인천재판소의 판결에 불복하는 상소만을 심리토록하였다. 재판장은 법부대신이나 협판이 겸임하였다. 순회재판소는 매년 3월에서 9월까지 법부대신이 지정하는 장소에서 개정하였다.

〈재판소구성법〉의 정비와 함께 사법관을 양성하기 위한 〈법관양성소 규정〉이 공포되었다. 이에 따르면 20세 이상으로 입학 시험에 합격한 자이거나 현재 관직에 있는 자를 법관양성소에 입학시켜 6개월의 수학 기간을 거쳐 졸업한 자에게 사법관의 자격을 부여케 하는 제도였다. 법부는 서둘러 1895년 4월 10일자 《관보》에 학생 모집 광고를 게재하였다.

이준이 직접 이 광고를 보았는지, 아니면 누구로부터 소식을 전해 들었는지 알 수 없으나, 4월 16일 문을 연 법관양성소에 입학하였다. 그가 법관양성소에 재학할 당시, 소장은 법부 참서관인 피상범이 겸임하였고, 수업은 미국 총영사관 미국인 고문 그레이트하우스Clarence Greathouse 具禮와 일본인 시다부下部三九朗 등이 담당하였다.

피상범은 1882년 과거에 급제한 뒤, 줄곧 법률에 관한 사무를 담당하거나 담당자들을 가르치기도 하였다. 때문에 1894년 근대적인 행정체제 개편에 따라 법무아문의 주사에 임명되었으며, 1895년 4월 1일 법부 참서관에 임명되었고, 5월 19일에 법관양성소 소장을 겸임하게 된 것이다.

그레이트하우스는 1846년 9월 미국 캔터키주에서 태어났으며, 미국에서 변호사활동과 센프란시스코에서 발간되는 민중당 일간지인 《Examiner》지의 지배인으로 활약하였으며, 1886년 클리브랜드 대통령에 의해 재일본 요코하마 주재 미국총영사로 지명되었다. 그 뒤 1890년에, 어떻게 해서 조선으로 오게 되었는지는 알려지지 않고 있지만, 조선으로 건너와 내무 협판에 임명되어 외국법률 사무를 담당하면서 조선과 첫 인연을 맺게 되었다. 그 뒤 1892년 7월 조선과 오스트리아, 헝가리

사이의 수호통상조약을 체결하는 데 탁월한 능력을 발휘하였으며, 1893년 8월에는 전보총국에서 회판외체우신사무에 임명되었다. 그리고 1895년에 설립된 법관양성소의 교원으로 임명된 것이다.

이준은 6개월 동안 법관양성소에서 법학통론·민법·형법·민사소송법·형사소송법 등과 현행 법률 및 소송 연습 등의 과목을 배운 뒤, 11월 10일 46명과 함께 졸업하였다. 1895년 11월 13일자 《관보》에 게재된 졸업자 명단을 보면 당시 이준의 이름은 이선

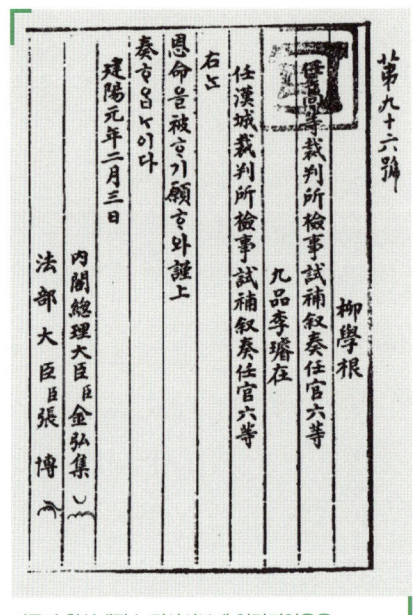

이준이 한성재판소 검사시보에 임명되었음을 보여주는 공문서

재李璿在로 되어 있음을 확인할 수 있다. 그리고 이 때 졸업한 동기생들 가운데 19명의 이력이 《대한제국이력서》에서 발견되는데, 이들 평균 나이는 대략 30세임을 감안할 때 당시 이준은 37세로 다른 이들보다 나이가 많았다. 졸업한 지 1개월이 조금 지난 1896년 2월 3일, 이준은 우등생을 제치고 가장 먼저 9품에 해당하는 한성재판소 검사 시보에 임명되었다.

한성재판소는 1895년 4월 14일 중부 징청방 혜정교가(지금의 광화문 우체국 옆 한효빌딩 동측)에 설치된 우리나라 최초의 재판소였다. 한성재

판소는 주로 한성부와 인천, 개성을 제외한 경기도 일원의 민사, 형사 사건을 담당하였다. 당시 한성재판소에는 판사 최준식·강화석·이도익 등과, 검사 최문현 등이 근무하고 있었다. 이준의 상관이었던 최문현은 1895년 4월 법부 주사를 거쳐, 법관양성소 후보 감시위원, 법부 검사를 거쳐 1895년 9월 한성재판소 검사에 임명된 인물이다. 그런데 이준의 검사시보 생활은 그리 오래가지 못하였다. 임명된 지 얼마 안돼서 고종이 러시아 공사관으로 이어하는 아관파천이 이뤄지면서 일본으로 망명해야만 했기 때문이다.

아관파천 후, 일본으로 망명하다

이준이 법관양성소에 입학해 수학하는 동안 국내에서는 또 한 차례의 정치 회오리가 불었다. 당시 불안하게 출발한 김홍집·박영효의 연립내각이 결국 박영효의 독주로 그 틈이 갈라지기 시작하였다. 박영효가 주도적으로 추진한 개혁 가운데는 형식에 치우치거나 사회실정에 맞지 않는 것이 많았다. 이에 그동안 잠재된 반대파의 불만은 총리대신 김홍집이 사직하면서 최고조에 달하였다. 고종은 박정양을 총리대신에 임명해 사태 수습에 나섰다.

하지만 고종과 민비는 정부의 모든 실권을 쥐고 좌지우지하는 박영효에게 등을 돌리는가 하면, 일본의 강제에서 벗어나기 위해 러시아에 구원의 손길을 보냈다. 당시 러시아는 프랑스·독일과 협력해, 이른바 삼국간섭으로 일본이 청일전쟁에서 승리한 대가로 청나라로부터 할양받은 요동반도를 반환하라고 힘을 행사하던 시기였다. 고종과 민비는 삼국간섭으로 인한 유리한 국제적 배경을 이용해 일본세력을 축출하고 친일개화파를 몰아내 조선의 국권을 회복하고 국왕의 군주권을 더욱 견고하게 다지고자 하였다.

이 때 박영효의 반역음모사건이 폭로되었다. 1895년 5월 박영효에게 구직을 청했다가 거절당한 일본인이 그 반감으로, 박영효 등이 가까운 시일 내에 왕비를 살해하고 정부를 뒤엎을 음모를 꾀하고 있다는 허위 사실을 유포한 것이다. 이에 고종은 김홍집을 불러 사건 처리를 담당하도록 하는 한편, 비밀리에 대신회의를 열어 박영효를 체포하도록 지시하였다. 이 사실을 전해들은 박영효는 급히 한강에서 배를 타고 인천을 경유 일본으로 망명하였다.

그 뒤 고종은 정동파를 기용해 러시아와 우호관계를 돈독히 하는 한편, 친일 개화파의 숙청 작업에 착수하였다. 그리고 고종은 박정양이 본시 약한 성품에 역량 또한 부족하다는 이유를 들어 김홍집을 또다시 발탁해 총리대신에 취임케 하였다. 이로써 제3차 김홍집 내각이 설립되면서 민씨 척족 세력과 정동파 즉 친미·친러파 중심으로 국정이 운영되었다.

제3차 김홍집 내각이 들어서면서 권력을 회복한 민비 일족은 더욱 노골적으로 친러정책을 추진해 나갔다. 일본 장교가 훈련을 담당하여 편성된 800명 규모의 훈련대를 해산시키고 대신 미국 장교가 지도하는 시위대를 창설해 궁내 시위를 전담하도록 하였다.

그러자 고립상태에 빠진 일본은 다시 세력을 만회하고자 정치가이자 외교가인 이노우에井上 공사를 해임하고, 군인 출신인 미우라三浦 공

명성황후가 일본 낭인들에 의해 시해된 옥호루

사를 파견하였다. 이 때 고종이 훈련대 병졸과 순검이 충돌한 사건을 빌미로 훈련대 해산을 결정하였다. 사태를 주시하고 있던 미우라는 즉각 1895년 8월 궁궐 침입을 단행하였다. 여기에는 일본 낭인 40~50명과 일본수비대 및 훈련대 제2대대장 우범선이 지휘하는 훈련대가 가담하였다. 이들은 경복궁으로 난입해 궁궐을 지키고 있던 시위대를 제압한 뒤, 고종의 침전인 곤녕전과 민비의 침전인 옥호루를 침범하였다. 궁녀들이 당황하여 울부짖고 있을 때 궁내부대신 이경직이 달려와 민비를 보호하고자 하였으나, 결국 민비는 폭도들에 의해 45세의 삶을 처참하게 마감하고 말았다. 이른바 을미사변이라고 불리는 것이다.

명성황후 장례식(덕수궁 앞)

　민비를 시해하는 만행을 저지른 일본 공사 미우라는 훈련대 해산에 불만을 품은 조선군인들이 흥선대원군과 공모해 일으킨 것이고, 일본군의 출동은 왕명에 의한 것이었으며, 왕비의 소재는 아는 바 없다며 사건을 은폐하고자 하였다. 그러나 사건 진상이 연일 외신들에 의해 폭로되면서 전 세계로부터 일본을 비난, 규탄하는 목소리가 빗발치면서, 일본은 곤경에 빠지고 말았다. 이에 일본은 미우라 공사를 소환하는 한편, 외무성 정무국장 고무라小村를 급히 조선에 파견해 이를 수습토록 하였다. 그리고 형식적으로나마 민비시해에 가담한 48명의 일본인에게 퇴거 명령을 내려 감옥에 가두고 심문하였다.

고종이 파천한 러시아공사관

 을미사변의 뒷수습이 진행되고 있는 동안, 10월 12일 정동의 외국 공사관에 숨어있던 친미·친러파들이 높아진 반일 분위기를 이용하여 고종을 빼돌려 정권을 바꿀 목적으로 춘생문 사건을 일으켰다. 그러나 가담자 가운데 친위대 대대장 이진호가 배신하면서 물거품이 되고 말았다. 이를 주도했던 정동파 인사들은 재빨리 미국 및 러시아 공사관 또는 선교사 집으로 피신하여 목숨을 건질 수 있었다. 그러나 대부분의 가담자들은 체포되었고, 법부대신 장박이 주관한 특별법원 재판에서 사형을 당하거나 종신 유배, 징역 등의 혹독한 처벌을 받았다.
 한편, 김홍집 내각은 내정개혁을 계속 추진하여 땅에 떨어진 위신을 회복하고자 하였다. 즉 칭제 건원, 태양력 실시, 훈련대 해산 등을 단행하고자 하였다. 이를 을미개혁이라 한다. 칭제 건원은 뜻대로 이뤄지지 못하였으나, 태양력은 시행되어 1895년 11월 17일자로 1896년 1월 1일을 기하여 양력을 사용하게 되었다. 그리고 훈련대를 해산하고 친위대를 신설해 궁성의 수비를 담당토록 하였다. 그리고 민비의 폐위를 복위시키는 한편, 왕비의 승하를 공식적으로 발표해 사태가 일단락되는 듯하였다. 그러나 국민들은 별로 좋게 받아들이지 않았다. 하루 아침에 오랜 관습을 없애버리고 새로운 법으로 갈아치우는 데에 반발이기도 하였지만, 무엇보다 일본인 고문이 참여하고 있다는 것이 더 못마땅하였던 것이다.

특히 을미개혁의 일환으로 시행된 단발령 공포로 전국은 또다시 들썩거렸다. 정부 관료와 군인, 순검 등에 대해 일제히 단발을 단행하였으며, 양력이 시작되는 1896년 1월 1일부터는 전국민을 대상으로 이를 강요하였다. 이에 국민들 대다수가 이를 반대하였으며, 그 원성 또한 대단하였다. 대부분의 국민들은 상투를 성인의 상징으로 소중히 여겼을 뿐만 아니라 이를 잃는 것은 큰 수치로 여겼다. 최익현은 "내 목을 자를지언정 내 머리카락은 자를 수 없다"며 저항하였다. 단발령이 공포된 후 서울의 물가는 껑충 뛰었다. 농민들은 도성 안으로 들어오다가 상투를 잘릴까 염려해 들어오지 않았기 때문이다. 날이 갈수록 민심이 어수선해져도, 정부는 아랑곳 하지 않고 이를 밀고 나갔다.

유생들은 단발령을 계기로 국모의 원수를 갚아야 강력히 주장하더니 한걸음 더 나아가 의병운동을 일으켰다. 의병운동은 1896년 1월과 2월에 걸쳐 친일 내각의 타도와 일본 세력의 축출을 내세우며 일어났다. 이들은 먼저 친일 내각을 받드는 지방 관리들을 처단하고 의병들의 활동

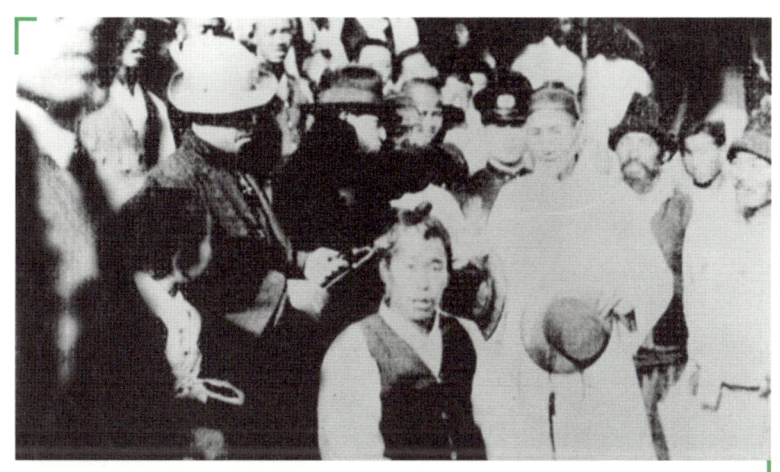
단발령이 공포된 후 강제로 상투를 자르는 광경

을 진압하려는 관군과 일본군을 공격하였다. 때로는 전선 등 일본 군사 시설을 파괴하고 주둔병도 공격하였다. 이렇듯 이준이 법관 양성소에서 학업에 전념하고 있을 때, 국내의 정세는 한치 앞을 내다볼 수 없을 정도로 혼란스러웠다.

그 뒤 친일 내각에 의해 경복궁에서 거의 유폐생활을 하다시피하며 불안과 공포의 나날을 보내고 있던 고종은 서울 주둔의 일본군 주력 부대가 의병운동을 진압하기 위해 지방으로 파견되자, 이를 좋은 기회로 여기고 경복궁에서 빠져나갈 묘책을 궁리하였다. 먼저 고종은 미국 공사 알렌과 러시아 공사 베베르 등의 적극적인 지원과 정동파 인사들의 도움을 받아, 2월 11일 새벽에 왕세자와 함께 궁녀들이 타는 가마에 몸을 감추고 경복궁을 빠져 나와 정동의 러시아 공사관으로 옮겨가는 아관파천을 단행하였다.

그 뒤 고종은 친일 내각의 대신들을 역적으로 몰아 잡아 죽이라는 포살령을 내렸다. 이 때 궁궐에 있던 총리대신 김홍집과 농상공부대신 정병하는 순검들에 의해 체포되어 경무청으로 끌려가는 도중에 군중들의 손에 무참히 구타를 당해 죽고 말았다. 이 때 탁지부 대신 어윤중은 무사히 서울을 빠져 나갔으나, 경기도 용인에서 백성들로부터 피습을 받아 죽고 말았다.

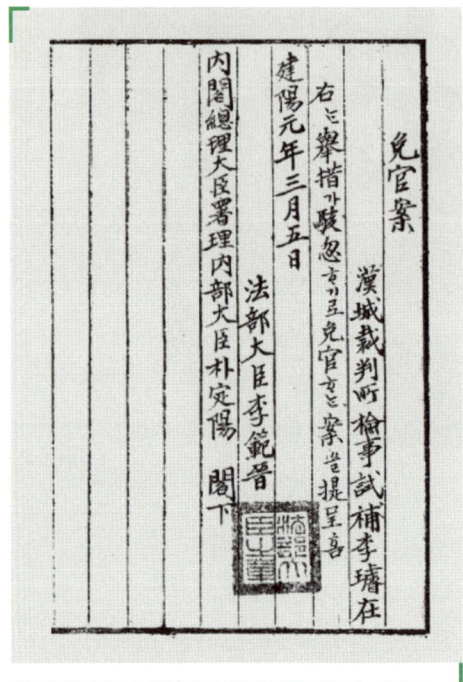
이준을 한성재판소 검사시보에서 면본관 시킨다는 공문서

같은 날 새벽 이준은 친척인 김탁으로부터 고종이 러시아 공사관으로 파천하였으며 포살령을 내렸다는 소식을 듣고 급히 법부대신 장박의 집으로 달려갔다. 이준은 장박에게 자초지종을 들려준 후 일본 망명을 권하였다. 그 뒤 이준은 장박, 내부대신 유길준, 군부대신 조희연 등과 함께 일본 공사관으로 피신하였다가 일본 망명길에 올랐다.

이준이 일본으로 망명한 이유에 대해서는 정확히 알려진 게 없다. 당시 이준이 오랫동안 모셨던 김병시가 친러내각의 총리대신으로 추천받을 정도로, 고종의 신임을 받고 있는 상황에서 그가 굳이 일본으로 망명할 수밖에 없었던 데는 분명 이유가 있을 것이다. 그렇다면 이준이 언제부터인가 김병시와 다른 길을 걸었을까. 이준이 개화파 세력인 박영효·서광범 등과 교류를 가졌고, 또한 그들이 주장한 입헌군주제에 동조하면서 김병시와는 일정하게 다른 행보를 보인 것이 아닐까 추측해 볼 뿐이다. 아무튼 이준은 일본으로 망명하면서, 한성재판소 검사시보에 임명된 지 1개월 만에 면관되고 말았다.

일본에서 법학을 공부하다

일본으로 망명한 이준은 유길준·장박·조희연 등과 생활하는 한편 당시 일본의 정객, 학자 등과 만나면서 국제 정세에 대한 이해의 폭을 넓혀 나갔다. 이에 이준은 보다 넓은 세계관을 가지고, 국내정세문제를 인식하게 되었다. 그리고 한편으로 아관파천 이후 러시아 세력의 침투로 다른 나라들과의 대립·갈등이 격화되었을 뿐만 아니라, 열강에 많은 이권을 넘겨주게 되는 등 암담해진 조선의 현실을 매우 안타깝게 여겼다.

또한 당시 동경에 유학 중인 학생들과도 교류를 가졌을 것이다. 특히 동경에는 정부에서 파견한 관립유학생들이 경응의숙에 유학하고 있었다. 경응의숙은 일본 개화 사상가로 정한론을 주장한 후쿠자와 유키치福澤諭吉가 설립한 학교로 1881년 신사유람단을 따라 일본에 간 유길준과 유정수 등이 처음으로 유학한 곳이기도 하다.

이준이 일본으로 망명해 3개월이 지났을 무렵, 박영효가 미국 워싱턴에 체류하고 있던 서재필을 만나고 1896년 5월 도쿄로 돌아왔다. 이준은 유길준 등과 박영효를 만나 그간 얘기를 나누었는데 이 때 박영효에게 일본에서 법학을 공부하겠다는 뜻을 내비쳤다. 망명하기 전 국내에서 법관양성소를 졸업하고 짧은 기간이지만, 한성재판소 검시시보 생활을 하였기 때문에, 계속 법학 공부를 하기 원했던 것이다. 박영효는 이준을 위해 동경전문학교(현 와세다대학교) 법과에 입학할 수 있도록 길을 열어주었다.

동경전문학교는 오쿠마 시게노부가 1882년 법률학과, 정치경제학과, 영문과 등으로 문을 연 학교이다. 오쿠마는 메이지정부가 들어서자 오쿠보 도시미치, 이토 히로부미 등과 더불어 국고를 정비하고, 철도를 신설하며, 음력을 태양력으로 교체하는 등 근대 일본의 토대를 마련하는 데 힘을 기울인 인물이다. 한때는 자유민권운동과 연계되면서 영국식 의회 정치를 모델로 한 국회의 개설을 주장하다가 독일식 입헌정치를 내세우던 이토 히로부미측과 대립하다가 결국 1881년 정부에서 축출되었다. 그러나 곧 정치활동을 재개하여 1882년 입헌개진당을 조직하여 민권운동을 추진하고, 제국의회가 개설된 이후에는 의회정치가로서 활동하였으며, 2차례에 걸쳐 내각총리대신을 역임하기도 했다.

이준은 39세로 장년의 나이였지만 동경전문학교에서 열심히 근대법학을 공부하였다. 훗날 조선의 미래를 위해 준비하고자 한 것이다. 하지만 이준의 유학생활은 매우 힘들었던 것으로 보인다. 가족과 떨어져 생활하는 것은 물론 그의 생활비를 마련하는 것도 쉽지 않았다. 당시 관립 유학생들은 정부로부터 보내주는 유학비로, 혹은 개인 자격으로 유학 온 학생들은 집안에서 보내준 생활비로 유학생활을 하였지만, 망명객

신세인 이준은 자기 스스로 이를 해결하지 않으면 안 되었다. 이에 이준은 일본인들에게 글씨를 써주며, 그 사례금으로 겨우 학비와 생활비를 충당하곤 하였다. 이때 그의 유학 시절의 외로운 생활을 잘 보여준 시를 소개하면 다음과 같다.

일본 상양공원에서 읊는다	於日本上野公園吟
공원 3월에 손이 처음오니	公園三月客初來
희고 흰 붉고 붉은 꽃이 정히 피어 있구나	白白紅紅花正開
종일 만나도 아는 얼굴이 없다	終日相逢無識面
송음이 깊은 곳에 홀로 배회하였노라	松陰深處獨徘徊

귀국 후, 만민공동회에 참여하다

이준이 동경전문학교에서 법률을 수학하고 있을 때, 1898년 9월 말경 국내로부터 비보가 전해졌다. 그가 20여 년 동안 옆에서 모셨던 김병시가 죽었다는 소식이었다. 일본에 망명해 있는 처지지만 이준은 부지런히 떠날 채비를 하였다. 비록 그가 동경전문학교를 마치지 못한다 하더라도 미련이 없었다. 그저 돌아가야 한다는 생각뿐이었다.

서울을 떠난 지 2년 6개월 만에 고국에 돌아온 이준은 가장 먼저 김병시 대감댁을 찾았다. 그가 오랫동안 드나들던 집이었지만 낯설게만 느껴졌다. 그를 언제나 믿어준 듬직한 후원자를 잃은 허전함 때문이었

영은문을 헐어내고 지어진 독립문과 독립관

다. 그는 김병시 영전에 마지막 인사를 올리고 마음을 가다듬고 자신이 무엇을 해야 할 것인지를 고민하였다.

이 때 종로 네거리에서는 독립협회가 개최한 만민공동회가 많은 사람들의 호응 속에 열리고 있었다. 이준은 독립협회를 찾았다. 당시 독립협회는 윤치호가 회장을 맡고 있었으며, 이상재·남궁억·이승만 등이 주도적으로 이끌 무렵이었다.

독립협회는 1896년 7월 창립되어 개화 인사들과 정부 관료들이 참여한 가운데, 한국의 자주독립과 내정개혁을 표방하였다. 같은 해 11월, 이를 실천에 옮기기 위해 독립협회는 중국 사신을 맞이하던 모화관을

대한제국 황제의 즉위식이 거행되었던 환구단(지금의 조선호텔 자리)

독립관으로 개칭하고, 영은문 자리에 독립문을 세워 독립정신을 고취시켜 나갔다.

그 뒤 독립협회는 국민의 호응을 얻어 지식 계급과 젊은 청년들의 모임으로 발전하였다. 이를 기반으로 독립협회는 러시아 공사관에 머물고 있던 고종의 환궁을 요구하거나, 외세에 의존하는 정책을 반대하는 등 정치문제에 깊숙이 관여하며 민주·민권사상 등을 내세우자 정부 관료들이 독립협회를 탈퇴하였다.

고종이 1년여 동안 러시아 공사관에 머무는 동안 나라의 정치는 비정상적으로 운영되었으며, 친러파 대신 몇 사람에 의해 정치가 좌우되었다. 또한 외세에 농락을 당하기 일쑤여서 많은 이권을 빼앗기고 말았다. 때문에 독립협회 뿐만 아니라 백성들 사이에서도 고종이 러시아 공사관에서 나와 환궁해야 한다는 목소리가 점점 커져갔다. 이런 상황에서 더 이상 환궁을 미룰 수 없다고 판단한 고종은 1897년 2월 20일, 만 1년 만

서구의 근대문명을 수용하다

독립협회 주역으로 활동했던
윤치호, 서재필, 남궁억
(위로부터)

에 러시아 공사관을 떠나 새로이 거처가 마련된 경운궁(지금의 덕수궁)으로 돌아왔다.

이후 고종은 새로운 정치 체제를 모색하였다. 먼저 고종은 조선이 독립국임을 다른 열강에 과시하기 위해 '광무'라는 독자적 연호를 쓰도록 하고, 같은 해 10월 백관들을 거느리고 남서 회현방 소공동에 만든 환구단에 나아가 황제 즉위식을 거행하였다. 동시에 국호를 대한제국으로 고쳐 자주 독립국임을 내외에 알렸다.

하지만 대한제국은 여전히 친러 수구파가 정권을 장악한 상태였기 때문에 러시아의 간섭에서 자유롭지 못하였다. 특히 재정고문에 러시아인으로 임명되고, 한러은행이 창설되는 등 재정적인 간섭이 적지 않았다. 더욱이 1898년 1월 러시아가 석탄고 기지의 설치를 명목으로 절영도 조차를 요청해오자, 친러수구파 정권이 이를 승인하고자 하였다. 이에 박정양·민영환 등 개혁파들이 이를 저지하고 나오면서 친러수구파 정권과 분열되기 시작하였다.

이때부터 독립협회는 윤치호를 회장으로 추대하고 이상재·남궁억·이승만 등 청년층이 중심이 되어, 러시아의 침략간섭과 이권침탈반대 운동을 적극 펼쳐나가기 시작하였다. 먼저 독립협회는 1898년 3월 서울 종로 네거리에서 시민 1만 여 명이 모인 가운데 만민공동회를 열어 러시아 재정 고문과 교관 초빙을 맹렬히 반대하고, 지하자원 개발권 및 철도부설권을 외국인에게 허용하는 것도 외국 자본주의 밑에 국가경제를 예속시키는 처사라고 규탄하며 고종 황제에게 거부하라는 상소를 올렸다. 이러한 독립협회의 노력은 곧 결실을 맺어 러시아 군사고문관이 본국으로 소환되었을 뿐만 아니라 한러은행도 폐쇄되었다.

이때 독립협회에 가입한 이준은 윤치호·이상재 등과 더불어 의회 설립과 친러 수구파의 퇴진과 개혁파 내각 수립을 요구하였다. 이준은 독립협회 회원들과 더불어 1898년 10월 8일 덕수궁 인화문 앞에서 철야 상소 시위운동을 전개하면서, 친러 수구파 7대신의 퇴진과 전면 개각을 요구하였다. 이는 각지의 민중들로부터 호응을 얻게 되어 600여 원의 의연금이 모아지기도 하였다. 또한 법어학교·일어학교·아어학교 학생들과 배재학당 학생들이 시위에 참석하였으며, 각 점포의 상인들도 일제히 철시하면서 이에 참가하였다.

독립협회와 시민들의 강경한 요구에 고종은 더 이상 버틸 수가 없어, 친러수구파 대신 7명을 해임시킨 뒤, 고종은 개각을 단행하였다. 이로써 박정양이 의정議政 직무 대리로 조병호가 탁지부 대신에, 민영환이 군부 대신에 각각 임명되면서 개혁파 정부가 출범하게 되었다.

관민공동회를 개최하다

이준은 박정양·민영환 등 개혁파 관료들이 진출하자, 이를 기회로 포괄

관민공동회에서 연설하는 이상재

적인 개혁운동을 전개하고자 하였다. 이때 이준은 민영환과 뜻을 같이 하게 되면서 관계를 맺기 시작하였다. 그리고 개혁운동은 관료와 백성들이 한 데 모인 가운데, 국정개혁을 함께 토론하고 합의하는 방식이 가장 최선의 방법이라는데 의견 일치를 보았다. 이에 독립협회는 1898년 10월 28일 관리와 백성들이 함께하는 관민공동회를 개최하기로 하였다. 독립협회 회장인 윤치호를 대회장으로, 부회장인 이상재가 사회를 맡았고, 이준은 총무장으로서 대회를 주재하였으며, 이승만·장지연·남궁억·양홍묵 등은 대회장 정리를 맡기로 하였다.

이준은 총무장으로 150여 장의 청첩을 만들어 정부 관료와 각계각층의 사람들에게 발송하였다. 그리고 《황성신문》과 《독립신문》에 관민공동회 개최 소식을 대대적으로 보도하였다.

드디어 10월 28일 종로에서 관민공동회가 개최되었다. 대회장에는 대형천막이 쳐지고 국기가 높이 매달렸으며 회장에는 목책을 둘러쳐졌다. 이날 아침부터 각계각층의 시민들이 몰려들었다. 하지만 약속된 오후 1시가 다되도록 정부 관료들은 나타나지 않았다. 이때 정부측은 집회 장소를 독립관으로 할 것을 종용하였으나 이것이 받아들여지지 않자 불참하였던 것이다. 그 결과 기대를 모았던 관민공동회가 무산되고 말았다.

그 뒤 다행스럽게 독립협회측과 정부측의 장소 문제가 원만히 해결되어 종로에서 관립공동회를 개최하기로 의견일치를 보았다. 그 다음날 아침부터 관민공동회가 개최되는 종로에 신사·부인·학생·시전상인·맹인·승려·백정 등 각계각층의 시민들이 모여들어 그 수가 만여 명에 달하였다. 그리고 오후 3시 무렵 의정부 참정 박정양, 찬정 이종건, 법부대신 서정순, 농상공대신 김명규, 탁지부대신 고영희, 중추원 의장 한규설, 원임대신 민영환, 김가진 등 여러 관료들이 참석한 가운데 독립협회 회장 윤치호의 개회사를 시작으로 관민공동회가 시작되었다. 이어 박정양이 단상에 올라 "황성께서 우리들에게 이 자리에 참석하여 나라를 이롭게 하고 백성들을 편안케 할 방책을 들어라 함에 왔다."하고 이 자리에서 협의한 내용을 고종 황제에게 아뢸 것이라 밝히자, 모인 사람들은 만세를 불러 그 뜻을 환영하였다. 그리고 관민에게 의견을 개진할 것을 청하자, 가장 먼저 백정 박성춘이 연단에 올라가 "관민이 합심하여 우리 대황제의 성덕聖德에 보답하고 국운國運이 만만년 이어지도록 하자"고 하자 군중들이 환호성을 울리며 박수를 쳤다. 당시 사회에서 가장 천대 받

관민공동회에 참석했던
한규설과 김가진

는 백정이 이처럼 군중 앞에 나와 당당히 자기 의견을 개진한 것을 놀라운 일이었다.

이어 회원들이 각각 의견을 진언하였는데, 이준이 연설대에 올라가, "대황제라 존칭하고 대한제국이라 환칭歡稱하여 천하 만국에 향하여 자주독립을 부르짖는 오늘 궁중이 과연 그 어떠하며 부중府中이 과연 그 어떠한가, 인순因循과 고식姑息이 고리를 맞물고 있지 아니한가. 철도는 어디로 광산은 어디로 산림은 어디로 갔나. 뇌물이 성행하니 이것도 충량한 관료라 할 수 있을까. 국세와 민정은 누란累卵에 있어도 자기 자신만 잘 살 궁리만 하면 잘 살아질 것이냐?"고 연설해 많은 사람들로부터 호응을 받았다.

연설이 끝난 뒤에 관민이 함께 모인 자리에서 고종 황제에게 건의할 헌의6조를 결의하기로 하였다. 이에 헌의6조를 알리자 만민들이 모두 '가可'라고 하여 만장일치로 통과시키고, 여러 대신들도 모두 '가可'자 밑에 서명하였다. 민영환은 독립협회 회원이라 하여 말로써 '가可'라고 하였다.

중추원 의장 한규설은 "오늘 관리와 백성들이 협의하는 것은 나라를 세운 지 5백 년 이래로 처음 있는 일입니다. 의결한 바 6개 조목은 모두 법률 안에 원래 정해진 사안들입니다. 사람의 몸에다 비유하자면, 정부는 피부고 인민은 오장육부입니다. 관리와 백성이 합심하여 범위를 넘지 말고 기어코 영원히 하나가 되기를 간절히 바랍니다."며 관민공동회의 의미를 강조하였다.

헌의6조의 내용은 다음과 같다.

〈헌의6조〉
제1조 외국인에게 기대하지 아니하고 관민이 동심협력하여 전제황권을 견고케 할 것.
제2조 외국과 이권에 관한 계약과 조약은 각 대신과 중추원 의장이 합동 날인하여 시행할 것.
제3조 국가 재정은 탁지부에서 모두 관리하고 예산, 결산을 국민에게 공포할 것.
제4조 중대 범죄를 공판하되, 피고의 인권을 존중할 것.
제5조 칙임관을 임명할 때에는 황제가 정부에 그 뜻을 물어 임명할 것
제6조 장정을 실천할 것.

관민공동회가 끝난 뒤 대신들은 헌의6조를 고종 황제에게 바치면서, "6조는 국체國體를 높이고 재정을 정리하고 법률장정을 공평히 하려는 것이므로 모두 당연히 행해야 될 일이니 재가해 주시기 바란다."는 의견까지 덧붙였다. 이를 받아 본 고종 황제는 헌의6조에 대해 수정 없이 재가하였다. 이를 계기로 정부 자문기관인 중추원의 관제를 개정하는 등 의회설립 운동이 급진전되었다.

이 때 마련된 중추원 관제는, 의관 50명을 두는 데, 그 반수는 정부에

서 국가에 애쓴 자를 추천하고, 나머지는 인민회에서 27세 이상인자로 정치·법률 학식에 통달한 자로 선거를 통해 선발하도록 하였다. 중추원은 입법권, 행정부의 정책에 대한 동의권, 동의권을 통한 사실상의 감사권, 행정부건의에 대한 자문권, 건의권 등을 갖게 하였다.

이에 11월 5일 독립협회는 독립관에서 중추원 의관 50명 가운데 절반인 25명을 선출하는 선거를 실시한다는 공고문을 시내 곳곳에 붙였다. 서울 안의 모든 백성들은 이 소식을 듣고, "우리나라에 처음 있는 훌륭한 일이다. 그리고 이로부터 정치의 중흥은 눈을 씻고 볼 만하게 되었다."라며 기뻐하였다. 이준 또한 이를 기쁘게 환영하면서, 한때 한성재판소 검사시보로 있었으며, 일본에서 법률을 공부한 경험을 살려 중추원 의관이 되고자 동지들을 불러 모았다.

그러나 정부의 주도권을 장악하고 있던 수구파들에 의해 중추원 구성은 수포로 돌아가고 말았다. 11월 4일, 수구파들은 중추원 관제가 공포된 날 밤, 광화문 및 큰 길가에 '익명서'를 내걸었다. 그리고 고종 황제에게 독립협회가 군주제를 폐지하여 공화정을 실시하려 하며, 대통령에 박정양, 부통령에 윤치호, 내부대신에 이상재, 외부대신에 정교, 그 밖의 각부대신과 협판에 독립협회 간부들을 임명하려 한다고 모함하였던 것이다.

이에 격분한 고종 황제는 독립협회 간부 17명을 구속하도록 하고, 11월 5일 독립협회를 혁파하는 조칙을 내리는 한편, 관민공동회에 참석해 '가可' 자를 쓴 대신들 모두를 해임시켜 버렸다. 이로써 다시 수구파들이 집권하게 되었으며, 중추원 관제를 비롯한 헌의6조는 폐지될 위기에 처하고 말았다.

다시, 만민공동회를 주도하다

1898년 11월 5일 이른 아침, 고종 황제의 명령에 따라 경무청의 순검 30여 명이 출동해, 독립협회 간부 20명을 구속하려고 하였다. 이때 회장 윤치호는 새벽에 일어나 독립협회 출신 중추원 의관 선거준비를 하려다가, 순검들이 자기 집을 포위한 것을 알고, 비밀리에 만들어둔 뒷문으로 탈출해 서양 선교사 집으로 피신하여 위기를 모면할 수 있었다. 그리고 평의원 최정덕·안녕수 등도 미리 피신하였으나, 부회장 이상재, 평의원 정교·남궁억 등 17명은 체포되고 말았다. 이들을 체포한 이유는 선량한 시민을 선동해 안녕을 해치게 하였다는 죄명이었다.

이준은 독립협회 간부들이 구속되자, 이승만·이동녕·장지연 등과 함께 독립관에서 모여 대책을 논의하였다. 그리고 이준 등은 독립협회 회원들을 이끌고 경무청으로 달려가, 그들의 검거에 대한 해명을 요구하는 한편 석방을 요구하며 항의·농성에 들어갔다.

밤만 되면 경무청 앞의 농성장 불빛이 하늘을 밝혔다. 계속되는 시위에 일반 청년·학생·시민들까지도 참가하는가 하면, 은화를 기부하거나 장국밥 300 그릇을 대접하는 등 각지의 관심과 호응을 받아 독립협회의 사기를 더욱 높여주었다.

11월 7일 아침, 구금된 17명의 독립협회 회원들은 경무청을 나와 고등재판소로 압송되었다. 이때 1개 중대가 좌우로 죽 늘어섰고 순검

80여 명이 회원들이 탄 가마를 호위하였다. 고등재판소에 도착하자 군인들이 여전히 문의 안과 밖을 물샐틈없이 엄중하게 지켰다. 재판소로 넘겨지기 전에 석방될 것이라 기대하였던 이준을 비롯한 만민공동회 회원들과 시민들은 실망스런 기색을 감추지 못하고, 이들을 따라 경무청에서 고등재판소로 자리를 옮겨 시위를 계속하였다.

만민공동회에서는 정부에 공개재판을 요청하는 한편, 총대위원 100명을 뽑아 서울 안 사방 큰 길거리에서 나라의 시급한 상황과 고종 황제에게 충성하고 나라를 사랑하는 목적을 백성들에게 알리는 데 주력하였다. 그리고 정부 당국이 무력으로 만민공동회에 참가한 백성들을 해산시키려 하자, 이준은 앞장서서 17명과 함께 생사를 같이하기를 원한다며 물러서지 않았다. 또한 각지의 성원도 적지 않게 답지해 만민공동회에 힘을 실어주었다.

이렇듯 갈수록 민심이 술렁이자, 고종 황제는 독립협회 회원들의 재판을 총괄하던 법부대신 임시서리 조병식을 해임하고 중추원 의장 한규설을 법부대신에 임명하고 고등재판소 재판장을 겸임시켜 이를 해결토록 하였다. 결국 11월 10일 고종 황제는 터무니없이 독립협회를 모함하려 익명서를 쓴 자를 체포하도록 지시하는 한편, 수구파였던 조병식과 민종묵을 파면시키고 독립협회 17명에 대한 재판을 신속히 처리토록 하였다. 이 때 독립협회 회원들은 태형 40대를 선고 받았으나, 고종 황제의 명으로 면제받고 무사히 모두 석방되었다.

이준은 17명의 독립협회 회원들이 무사히 석방될 것이라는 소식에 기쁨을 감추지 못하였다. 그렇다고 모든 것이 해결된 것은 아니었다. 폐지된 독립협회를 다시 설립해야 하며, 익명서를 살포한 자들을 법정에 세워 독립협회의 명예를 회복해야만 하였다. 또한 잠시 중단된 헌의6조를 실행에 옮기는 일들도 남아 있었다.

이에 이준 등은 만민공동회를 해산시키지 않고 장소를 종로로 옮겨 철야 시위를 계속해 나갔다. 고종이 그들의 요구 조건을 승낙하지 않자, 이준은 만민공동회를 고종 황제가 머무는 덕수궁의 인화문仁化門 앞에서 개최하며 더욱 압박하였다. 시간이 지날수록 만민공동회는 국내의 대표적 신진 지식인들이 모두 자발적으로 참여해 더욱 강화되었다.

이에 고종 황제는 물러나 처분을 기다리라는 답변만 내렸을 뿐 구체적으로 실천에 옮길 의지를 보이지 않았다. 만민공동회 또한 계속 상소를 올려 그들의 주장을 굽히지 않았다. 결국 11월 16일 고종 황제는 독립협회의 복설을 허락하는 한편, 조병식·민종묵 등 익명서를 꾸민 자들을 검거토록 지시하였다.

그렇다고 무작정 정부 당국을 믿을 수 없어 만민공동회는 해산하지 않았다. 이미 조병식과 민종묵은 달아난 상태였으며, 만민공동회에 참여한 사람들의 신분을 보장해주는 어떠한 조처도 없었던 것이다. 그런데 이렇듯 독립협회를 복설시키려는 운동이 저변으로 확대되어 가자, 고종과 수구파들은 만민공동회를 해산시키기 위해서 황국협회 아래 조직되어 있는 지방 보부상들을 서울로 불러들였다.

그리고 11월 21일에 황국협회 회원 2000여 명이 몽둥이를 들고 만민공동회를 급습하였다. 당시 만민공동회의 시민들은 17일째 철야 시위를 하여 지쳐있는 상태라 보부상들의 갑작스런 기습에 도저히 대항할 수가 없었다. 보부상들의 몽둥이에 난타당한 시민들은 부상자가 부지기수로 나왔으며, 만민공동회장은 삽시간에 참담한 아수라장이 되고 말았다. 이튿날 분노한 시민들이 들고 일어나 마포까지 달려가서 보부상들을 공격하였으며, 종로에서는 만민공동회를 개최하고 수구파와 황국협회를 격렬히 규탄하는 등 그야말로 서울 시내는 혁명 전야와 같은 분위기였다.

11월 22일 고종 황제와 수구파 정부는 더 이상 이를 방치할 수 없다는 결론을 내리고 독립협회의 복설을 허락하였으며, 만민공동회가 요구한 ① 황국협회계 인물 8명의 처벌 ② 보부상의 혁파 ③ 개혁정부 수립 등도 모두 수락하였다. 그러나 실천을 약속한 3개조의 요구 사항에 아무런 진전이 없자, 시민들은 11월 26일 종로에서 다시 만민공동회를 개최하였다.

이에 고종 황제는 덕수궁의 돈례문까지 궁내부대신, 각부 대신, 각국 공사 등을 거느리고 나와 만민공동회 대표와 황국협회 대표 500여 명이 모인 가운데, 직접 "현하의 정치가 잘 이루어지지 않는 것은 모두 짐의 죄라 짐이 짐의 허물을 고쳐 장차 선정을 펴려 하노라. 너희들은 각자 돌아가 안정을 찾으라"는 칙어를 내려 이들을 회유하고자 하였다.

그 뒤 고종 황제는 법부에 독립협회와 황국협회의 회원 가운데 구금된 자들을 모두 석방토록 명령하였으며, 그간 손해를 입은 관청과 공사와 민가의 손해를 배상토록 하였다. 그러나 황국협회의 수령 유기환·조병식·이기동만은 칙령을 배반한 죄로 10년의 유형에 처하였다. 이에 반해 독립협회의 회장 윤치호는 한성판윤에, 부회장 이상재는 의정부 총무국장에 각각 임명되어 관직에 진출하자, 황국협회로부터 적지 않은 불만을 사기도 하였다.

    그 후 독립협회가 다시 설치되면서 전국 각지로부터 의연금이 쇄도하였고, 각 지방에 독립협회의 지회들이 연이어 설립되었다. 이어 고종 황제는 중단되었던 중추원 개원을 허락하였다. 그런데 독립협회가 추천할 중추원 의관 수의 3분의 1인 17명만을 추천할 수 있도록 하였으나 더 이상 정부와 갈등을 원하지 않아, 독립협회는 정부의 안을 일단 수용하기로 하였다. 그 결과 나머지 33명은 수구파 세력들로 채워지게 되었다. 그런데 중추원의 역할이 친러 수구파에 의해 관제가 다시 바뀌어 의회의 성격은 없어지고 자문기관의 성격만 남게 되었다.

    12월 20일 중추원에서 독립협회 출신 의원인 최정덕이 '현재 의정부의 일에서 인재를 등용하는 것보다 선차적인 문제는 없다. 오늘 우리들은 각각 무기명 투표로써 인재를 추천하되 각기 11명씩 하는 것이 어떻겠는가'고 긴급 제안하였다. 이에 모든 성원들이 찬성하여 무기명 투표를 실시하였는데, 11명 중에 일본과 미국에 망명중인 박영효와 서재필이 포함되었다. 이 때 최정덕은 이준에게 일본으로 건너가 박영효 등에게 한국으로 귀국하여 나라 일에 힘써 줄 것을 권유토록 하였다. 이준이 이를 맡게 된 것은 아관파천 당시 유길준 등과 일본으로 망명해 박영효 등과 교유한 적이 있었기 때문이다. 이준 또한 한국에 혁신내각을 조직해 친러 수구파들을 몰아내고자 하는 마음에서 이를 흔쾌히 수락하였다. 유능한 새 개혁정부를 수립하고, 불만족스러운 대로 중추원을 의회로 활용해 사실상 전제군주제를 입헌군주제로 전환시키면서 대대적인 개혁정치를 단행해 독립의 기초를 확고하게 만들려고 하였다.

그런데 박영효 등이 다시 정계에 발을 들여놓게 되었다는 소식을 접한 고종 황제를 비롯한 수구파들은 아연 긴장하면서 또다시 독립협회를 탄압하기 시작하였다. 이에 독립협회의 출신 의관인 최정덕·남궁억·조한설 등을 면관시켰으며, 이준을 비롯한 이승만·이동녕·장지연·양기탁 등을 추궁하였다. 그리고 고종 황제는 민회 금절의 칙령을 내려 독립협회에 대해 해산 명령을 내렸다. 한편 황국협회의 대표자로 처벌 받은 인사들을 모두 석방하였다. 이로써 독립협회와 황국협회의 간의 불씨가 다시 지펴졌다.

황국협회는 이를 기회로 독립협회를 습격하였다. 이에 이준·이상재·이승만·이동녕 등 10여 명은 급히 미국 혹은 러시아공사관으로 몸을 피하였다. 황국협회 회원들은 마음대로 독립협회 사무실을 드나들며 집기 등을 마구 짓밟았다. 이 소식을 들은 독립협회 회원들은 분기하여 시민들과 합세해 시위를 전개하였다.

그리고 12월 22일 이준은 종로에 연설대를 만들어 놓고 임시대회를 개최하여 남궁억·윤효정 등과 함께 황국협회 타도와 정부탄핵 연설을 행하였다. 그리고 이준은 180여 명의 결사대를 뽑아 죽음을 무릅쓰고 숭례문에서 용산까지 철도에 누워 시위하고자 하였으나, 정부 당국의 방해로 시행하지 못하였다. 또한 이승만은 배재학당 동창생들과 일반 시민들로 습격대를 조직해 황국협회를 습격하였으나, 황국협회를 지키고 있던 장정들에게 많은 사상자를 내는 등 피해가 속출하였다.

이에 고종 황제는 군대를 동원해서 독립협회를 해산할 경우 각국의 반응을 타진하였다. 이때 러시아만 군대 사용을 권하였고 다른 공사들

이준이 서재필에게 보낸편지

은 언급을 회피하였다. 다만 일본공사 가토加藤增雄만이 일본도 명치유신 초기에 군대로써 민회를 해산시킨 전례가 있음을 들면서 군대를 동원하여 독립협회를 일거에 탄압할 것을 적극 주장하였다. 일본은 그들의 한국 침략 정책에 대한 한국내의 저항 세력이 궁극적으로 독립협회 세력이라고 보고 이를 없애려 한 것이었다.

12월 23일, 마침내 고종 황제는 결단을 내려 시위대로 하여금 독립협회를 해산시킬 것을 명령하였다. 수구파들은 시위대에게 술을 먹이고 독립협회로 진격하게 하였다. 보부상까지 군대 뒤를 따라 공격하여 왔다. 독립협회 회원은 시위대의 총검과 보부상의 몽둥이에 쫓겨 해산하지 않을 수 없었다. 이에 12월 24일 서울 시내는 완전히 군의 계엄상태에 들어갔다. 이날부터 그리고 수구파·시위대·보부상들의 독립협회 회원들에 대한 감시와 추격이 시작되었다.

12월 25일, 고종 황제는 11가지 죄목을 들어서 독립협회를 불법화시켜 해산시켰다. 이로써 모든 민회활동은 종말을 고하게 되었다. 그 뒤 정부 내의 개혁파들인 박정양·민영환·한규설·이상재 등은 파면되고, 1899년 1월 수구파 중심의 내각이 꾸려졌다. 뿐만 아니라 보부상 출신들이 대거 정부의 중요 요직을 차지하였다. 한편 이준을 비롯한 400여 명의 독립협회 회원들은 일거에 체포, 구금되고 말았다.

비밀결사 개혁당을 조직하다

독립협회에서 입헌군주제를 주장하며 조선정부에 맞서고 있을 때, 중국은 영국과 러시아의 경쟁적인 진출로 골머리를 앓고 있었다. 1898년 봄, 캉유웨이가 입헌군주제를 내세운 변법자강운동을 전개해 나가고자 하였으나, 당시 권력을 쥐고 있던 서태후에 의해 실패로 돌아가고 말았다. 이를 무술정변이라 한다. 그 뒤 1900년에는 배외사상이 크게 대두하면서, '부청멸양扶淸滅洋'을 외치는 의화단 사건이 일어났다.

의화단은 외국 선교사와 기독교 신자들을 박해하고 1900년 5, 6월에는 북경·천진으로 진격해 열국의 공사관을 포위하는 등 기세가 꺾이지 않았다. 그런데도 청국정부는 의화단 진압에 힘을 쓰지 않을 뿐 아니라, 외국인 박해를 음으로 양으로 도왔다. 이에 열국은 군함을 보내거나 해병대 진압을 청국 정부에 강력히 요구하였다. 이에 청나라는 이러한 요구를 무시하고 오히려 열국에 군대 철수를 요구하였다.

그러나 열국들이 이에 응하지 않자 외국인 격멸의 포고문을 발표하면서 청나라와 열국의 연합군 간의 전투가 벌어졌다. 처음에 연합군은 수적 열세로 계속 밀렸으나 일본군의 참가로 전세가 역전되어 북경을 점령하기에 이르렀다. 결국 1901년 9월 청 정부는 서둘러 강화조약을 체결하였으며, 열국 군대도 철수하였다.

한편, 의화단이 만주 방면까지 세력을 뻗쳐 러시아인을 박해하고 러시아가 건설 중인 동청철도에 공격을 가하자, 러시아는 18만 명의 대군을 만주에 출동시켜 중요 지점을 점령하여 조선을 일본과의 완충지대로 삼고자 하였다.

이에 독일과 프랑스가 러시아의 만주점령을 인정하자, 이에 초조해진 영국은 일본과 연결해 아시아에서 우위를 점하고자, 1902년 1월 30일 영일동맹을 체결하였다. 그 골자는 영국은 중국에서, 일본은 조선·중국에서의 이익옹호, 한쪽이 제3국과 교전할 경우 다른 쪽의 엄정한 중립, 한쪽이 2개국 이상과 교전할 경우에는 다른 쪽의 참전 의무 등을 약정한 것이다.

그런데 한국이 영일동맹의 전문 내용을 파악한 것은 1902년 2월경이었다. 이 때 한국에서는 영일동맹의 목적이 영국과 일본이 한·청 양국의 영토를 보전하고 황실을 지지함으로써 두 나라의 평화를 유지하는 데 있다고 파악했다. 그러면서도 고종은 일본이 청일전쟁 당시와 같은 내정간섭을 시도할 것이라는 불안감을 완전히 떨쳐 버리지 못하고 있었다.

여러 정파들은 제각각 영일동맹의 의미를 해석하면서 긴박하게 활동을 전개하였다. 영국과 일본은 고종 황제에게 망명자를 포함하는 거국내각을 조직할 것을 권고하였으며, 이완용·이하영·박정양·김가진 등 친미파는 러시아·일본과 일정한 거리를 두는 친미파 내각수립을 기도하였다. 고종 황제는 이러한 입장 차이를 고려하여, 친미파의 주장과 미국과 독일 공사 의견을 채택해 중립내각을 조직하였다.

만민공동회 당시 같이 활동했던 이상재

한편, 아관파천으로 일본에 망명중인 유길준과 박영효·이준용 등 일본 망명객들은 정계복귀를 모색하고 있었다. 이들은 친일적인 정치성향을 띤 인사들로 아관파천으로 들어선 친러정권을 타도해야 한다는 데 의견을 같이하고 있었지만, 구체적인 방법론에서는 각기 차이를 보여주고 있었다. 이러한 상황에서 1902년 영일동맹이 체결되자, 일본 망명 5년째를 맞고 있던 유길준은 쿠데타 음모를 좀 더 구체화시켜 나갔다.

먼저 유길준은 귀국하지 못하고 일본에 체류 중인 일본 육군사관학교 졸업생을 중심으로 '혁명일심회'라는 비밀 단체를 조직하였다. 그리고 유길준은 당초 고종 황제와 태자를 폐하고 의친왕을 옹립하려던 계획을 수정하여, 고종 황제를 그대로 받들면서 이용익 등 친러파를 제거하고 일본 망명자를 중심으로 정부를 조직하기로 한 것이다. 그런데 국내의 거점이자 자금책을 맡고 있던 서상집이 고종 황제로부터 정치적·상업적으로 이득을 얻고자 내통함으로써 실패하고 말았다.

친러파들은 이를 기회로 삼아 그들의 반대파들을 탄압하고자 하였다. 이 때 이준은 독립협회와 만민공동회 당시 같이 활동한 민영환과 함께 이상재·이상설·이동휘·양기탁 등과 더불어 개혁당을 조직하여, 영일동맹을 기회로 친러보수 내각을 전복하여 정권을 장악하고자 하였다. 그런데 이를 눈치 챈 친러파들은 오히려 유길준이 제시한 각료 명단에 민영환 등이 포함된 것을 빌미로 이들을 제거하고자 하였다.

이른바 개혁당 사건을 조작하기에 이른 것이다. 친러파들은 민영환이 일본인들이 조직한 조선협회와 일본에 망명 중인 박영효·유길준 등과 역모를 꾸미고 있으며, 독립협회 관계자들과 일본사관학교 출신자 등이 공모자라며 이들을 검거하고자 하였다.

이에 1902년 6월 경위원총관 이근택은 고향인 한산에 머물다가 서울에 올라온 의정부 전 총무국장 이상재와 그의 아들 승인 그리고 유길준의 동생이자 국장이었던 유성준·전승지 이원긍·전참서관 홍재기·전경무관 김정식 등을 체포하고, 또한 허위 사실을 유포하였다는 죄로 삼화전감리 김정식을 체포하였다. 이로써 이준은 민영환과 도모하려던 계획을 훗날로 미룰 수밖에 없게 되었다.

일본 제국주의 침략에 맞서다

러일전쟁 때 일본군을 위해 휼병비를 모금하다

이준은 민영환과 개혁당을 조직하여 친러세력을 제거하고자 하였으나, 오히려 그들에 의해 정계에서 밀려나고 말았다. 그 뒤 한국은 러시아와 일본 간의 세력 다툼의 장이 되고 말았다. 특히 이러한 러일간의 충돌은 영일동맹 이후 격화되기 시작하였다. 영일동맹 이후 러시아는 한 발 양보하여, 1902년 4월 중국과 만주철병을 내용으로 하는 만주환부조약을 체결했다. 조약에 따라 러시아는 1902년 10월 제1차 철병을 단행했으나, 이후 적극적인 대만주정책으로 선회하면서, 1903년 4월로 예정된 제2차 철병을 거부하는 대신에 오히려 만주에 군대를 증파했다. 이후 러시아는 봉황성·안동성 일대를 그 지배하에 두고 여순을 요새화했으며, 그 해 7월 동청철도를 완성했다. 또 8월 아무르 지역과 관동지역을 동아

러일전쟁 당시 원산항에 정박한 러시아 군함

시아 총독구로하는 이른바 '동아시아 총독부'를 설립하였다. 아울러 러시아는 1903년 4월 압록강 하류 용암포를 점령하고 군사기지를 설치하며 조차를 요구했다.

러시아의 적극적인 남하정책에 일본은 만주와 한국을 교환하자는 만한교환滿韓交換의 카드를 내밀며 수차 교섭을 시도했으나, 러시아측은 냉담한 반응으로 일관하였다. 이에 일본은 러시아측과는 더 이상 협상할 여지가 없다고 판단하고 전쟁을 결의했다.

이렇듯 러시아와 일본 간에 전운이 감돌자, 한국은 1904년 1월 21일 고종 황제는 러일 양국 간의 분쟁에서 '엄정중립'을 지킬 것이라는 칙령을 대내외에 선포하였다. 그런데 한국의 중립화론은 세계 강대국에 둘

러일전쟁 당시 인천에 상륙하는 일본군

러싸여 있었기 때문에 주변 여건에 따라 그 내용이나 주체를 달리하며 제기되었다. 처음에는 중국과 일본이 한반도 문제를 두고 각축을 벌이던 시점에 제기되었다. 즉 1882년 임오군란을 계기로, 또 갑신정변이 일어난 후에도 외국에 의해서 제기되었고, 그 이듬 해 거문도사건이 일어났을 때도 유길준이 중립화론을 제기한 적이 있었다.

중립화론이 본격화된 것은 1894년 청일전쟁 직후, 일본과 러시아가 각축을 벌이던 시기에 스위스형 영세중립론이 제기되었다. 러시아·일본·미국 3대국 보장 하에 한반도를 중립화한다는 안으로 1904년 러일전쟁이 일어났을 때 한국이 국외중립을 선언했던 것은 이러한 맥락에서 이뤄진 것이다.

한국의 중립화 선언에 영국·프랑스·독일·덴마크·이탈리아·청국 등은 의례적인 승인의 회신을 보내왔기 때문에 그 실현 가능성은 지극히

회의적이었다. 당시 서울 주재 영국공사 조던J.N. Jordan은 러일전쟁이 발발할 경우 '자위력'을 전혀 갖추지 못한 한국정부는 서울을 먼저 점령하는 쪽의 지배 아래 들어갈 것이기에 한국의 중립선언이란 아무 의미가 없다고 하였다. 러시아는 한국의 중립선언에 한동안 침묵을 지키고 있다가, 일본이 전쟁을 도발한 뒤에서야 일본이 한국의 중립선언을 무시했다고 비난하고 나왔다.

한국의 중립화 선언에도 불구하고 일본군은 이를 무시하고 2월 8일, 순양함 6척과 몇 척의 수뢰정을 인천항 부근의 팔미도에 정박시켰다. 그리고 이튿날 인천항에 정박해 있던 러시아 동양함대 소속의 순양함과 포함 2척과 일본 군함 간의 일대 접전이 벌어졌다. 결국 일본 군함 여러 척이 러시아 군함을 에워싸고, 발포해 이를 격침시켰다. 그 뒤 일본군이 서울에 진주하였으며, 그 다음날인 2월 10일 일본이 러시아에 정식 선전포고를 함으로써 러일전쟁이 본격화 되었다. 이에 러시아 공사 파블로프가 철수하고 일본군 12사단이 인천에 상륙하면서 한반도는 러시아와 일본 간의 전쟁터가 되고 말았다.

러일전쟁이 본격화되자, 2월 23일 일제는 한국을 그들의 세력권에 넣으려고 공수동맹攻守同盟을 전제로 하는 '한일의정서'를 강제 체결하였다. 한일의정서는 전문 6조로 되어 있는데, 일본으로 하여금 한국의 독립과 영토의 보증, 시설의 개선에 관한 권고 등을 비롯해 일본군에 적극 협력하고 군사 전략상 필요한 지점은 언제든지 사용할 수 있다는 내용으로 되어 있다.

굴욕적인 한일의정서를 체결하게 되었다는 소식에 나라 안은 큰 충격에 휩싸였다. 중추원에서는 여기에 서명한 외부대신 이지용과 구완희를 나라를 팔아먹은 역적이라고 탄핵하고 서둘러 형벌을 내릴 것을 요청하였다. 이러한 상황에서 구완희의 집이 폭탄세례를 받는 등 거센 반발이 계속되었다. 결국 한일의정서로 말미암아 한국은 일본군의 무법천지로 변하였던 것이다. 그리고 일본은 한일의정서에 근거하여 병력과 군수품 수송을 위해 한국인의 땅과 노동력을 함부로 빼앗아 경부·경의 철도 건설을 서둘렀다.

그런데 1904년 2월 러일전쟁이 발발하자, 국내의 지식인들은 러일전쟁을 일본과 러시아가 한국에 대한 영토적 야심에서 비롯된 것이라기보다는, 백인종과 황인종의 대결, 즉 인종간의 전쟁으로 인식하였다. 이는 일제가 주장한 일본 주도의 '아시아연대론'으로 연결된다. 아시아연대론은 19세기말 유럽 강대국에 의해 아시아의 약소국들이 식민지로 전락하자, 서양 열강의 침략으로부터 한국을 지키기 위해서는 한국 혼자만의 힘으로는 부족하기 때문에 일본·중국과 연대해야 한다는 주장이었다. 그들은 유럽의 다양한 합방을 예로 들면서 동양에서도 한·중·일 삼국이 연대하면 강대국이 될 것이며, 같은 황인종끼리 결속해 서양의 침입을 막아야 한다고 주장한 것이다. 당시 한국의 많은 지식인들은 이러한 논리에 동조하였으며, 러일전쟁도 동서양 대립의 한 양상으로 이해하였다.

이때 선재璿在라는 이름 대신에 영민하고 준수하는 뜻의 준儁으로 개명한 이준도 아시아연대론에 전도되어 러일전쟁에서 일본을 도와야 한다고 생각하였다. 특히 러일전쟁 중에 독일을 비롯한 서양국가가 적십자사를 통해 부상당한 일본군을 돕고 있는 것을 보고, 이준은 독립협회와 만민공동회에서 같이 활동한 정순만·이현석·유종익 등과 함께 적십자사를 설립하였다. 그리고 이들은 3월 17일 러일전쟁 중 부상당한 일본병사들을 치료해주고 일본적십자사에 휼병비를 보내자는 모금운동을 전개하였다. 당시 설립된 적십자사의 취지서를 살펴보면 다음과 같다.

> 생각컨대 우리 대한제국의 독립은 갑오년(1894)에 일본이 청나라와 전쟁한 다음 독립을 반포했지만 이제까지는 부진했습니다. 갑진년(1904)에 이르러 일본이 또 러시아와 전쟁을 개시하면서, 한국과 청나라 두 나라의 독립을 존중하는 문제를 가지고서 그 대의大義를 공개적으로 밝히고 세계 여러 나라에 널리 알렸습니다. 대규모의 군사와 거액의 돈을 동원해 전쟁을 시작했습니다. 이역 만리의 적지에 홀로 깊숙이 쳐들어간 군사들은 목숨을 아까지 않았습니다. 그 군사들이 참혹하게 죽어가며 격렬히 싸워서 승리를 거두고 있는 이때에, 무릇 우리 대한의 인민들이 어찌 편안히 입을 다문 채 말없이 지내면서 마치 우리들과는 아무런 상관이 없는 듯이 여겨야 합니까? 이에 이러한 사정을 같이 알자고 권고하는 글을 발표하여 일반 국민들께서 독립을 사랑하는 정성스런 마음과 정성스런 힘을 가지고 일본에 대해 감사한 마음을 표하기를 바랍니다.

이준은 당시 아시아주의에 물든 많은 개화주의자와 마찬가지로, 일본이 "같은 황인종으로서 한국의 독립을 러시아로부터 지켜준다"고 인식해 일본군을 '위로'하고 "일본에 감사하는 마음을 표시"해야 한다고 주장한 것이다. 이준은 다른 지식인들처럼 러일전쟁을 황인종과 백인종간의 대결구도로 파악하였던 것이다. 때문에 이준은 황인종을 대표하는 일본을 도와 승리로 이끌어야 한다고 생각했다. 그런데 이러한 이준의 행동은 러일전쟁에서 중립노선을 취하던 정부 당국과 배치되었기 때문에, 1904년 3월 23일 체포되어 한성감옥에 투옥되고 말았다.

한성감옥에서 동지들을 만나다

이준이 투옥될 당시 한성감옥에는 이미 여러 인사들이 수감되어 있었다. 1902년 소위 개혁당 사건으로 투옥되었던 이상재·유성준·이원긍 등과 독립협회에서 함께 활동한 이승만·신흥우·박용만·양의종·성낙준 등을 감옥에서 다시 만날 수 있었다. 이승만 등은 1898년 12월 고종 황제가 독립협회를 해산시키자, 정계 진출의 꿈이 좌절된 박영효와 뜻을 같이 하여 쿠데타를 일으키고자 하였다. 당시 박영효는 고종 황제를 폐위시키고 의화군을 황제로 추대하고자 하였다. 박영효는 그의 부하 150명과 자객 30명을 동원하여 고종 황제를 경복궁으로 모신 뒤, 평양으로 천도해 새롭게 정부를 구성하고자 한 것이다. 그러나 이 계획은 사전에 발각되었고, 이에 연루된 혐의로 1899년 1월 9일 이승만 등이 체포되었다. 그 뒤 이승만은 동지 한 사람과 탈옥을 꾀하다가 붙들려 사형 선고를 받았으나, 종신형으로 감형되어 복역 중이었다. 이와 같이 당시 친러내각의 대대적인 검거 탓에 한성감옥은 관료 출신의 개화파 지식인들과 학생들로 가득 찼던 것이다.

한성감옥의 환경은 매우 열악하였다. 1902년 전국적으로 퍼진 콜레

한성감옥에 투옥된 인사들
왼쪽 앉아 있는 사람순으로 강원달·홍재기·유성준·이상재·김정식, 뒷줄 왼쪽부터 이승만·안명선·김린·유동근·이승인.

라가 한성감옥에까지 번져 수십 명이 죽어나가기도 하였다. 또한 5평에 불과한 감방 안에 20여 명을 가두어 앉고 눕기가 힘들 정도였으며, 정치범들은 강도·절도·사기·횡령 등 일반잡범들과 함께 감금해 생활 또한 더욱 비참하였다. 하지만 독립협회 당시 활동했던 인사들이 한자리에 다시 모여 새로운 전기를 마련하는 계기가 되었다. 특히 정순만·이승만·박용만 등은 서로 의기투합해 의형제를 맺어 이른바 '3만'이 이루어지기도 하였다.

당시 옥중에는 도서관이 설치되어 있었는데, 이준은 도서관에서 책을 빌려 보면서 나날을 보냈다. 옥중 도서관은 1903년 1월 경 이승만과 신

홍우의 노력과 이들을 동정한 감옥 서장인 김영선의 배려로 벙커 선교사의 도움을 받아 한성감옥 내에 설치된 것이었다. 이들 도서들은 벙커 목사가 기증한 것과 중국의 상해와 일본에 거주하던 외국인 선교사들이 기증한 것들이 대부분이었다. 때문에 이 서적들은 종교와 관련된 것이 주종이었으며, 전기류·세계지리·국제법과 관련된 책들도 끼여있었다. 더욱이 당시 한성감옥에는 아펜젤러, 벙커 부부를 비롯해 게일, 존스 등의 선교사들이 전도를 하였고 옥중의 처우 개선과 이들의 석방을 위해 노력하고 있었다.

이러한 선교사들의 정기적 방문은 한성감옥의 이상재·이원긍 등을 비롯한 정치적 인사들이 개신교로 입교하는 데 커다란 영향을 미쳤다. 이준은 감옥에 있는 동안 기독교로 개종하지는 않았으나, 상동교회 목사인 전덕기와 인연을 맺으면서 훗날 기독교로 개종하는 계기가 되었다.

적십자사 사건으로 체포된 이준·정순만·이현석 등의 첫 재판이 4월 평리원에서 열렸다. 평리원은 1895년 을미개혁에 따라 조선 개국 초부터 존속해 온 의금부가 근대적인 사법제도로 바뀌면서 고등재판소로 개편되었다가, 1899년 다시 평리원으로 고쳐 불려졌다. 당시 평리원은 하급재판소의 판결에 불복해 상소한 안건을 심리 재판하거나, 특별 지시로 맡겨진 죄인을 심판하던 곳이었다. 이준의 경우는 사안이 중요했기 때문에, 고종의 특별 지시로 평리원에서 재판이 이뤄진 것이 아닌가 한다.

이준 등은 비공개로 열린 평리원 재판정에서 '불응위조'의 죄목으로 곤장 80대를 선고받았다. '불응위조' 죄목이란 '해서는 안 될 일을 한 자'에 대한 처벌을 규정한 것으로, 사안의 경중에 따라 태40 혹은 장80에 처할 수 있게 되어 있었다. 그러나 이준 등은 재판 결과에 뜻을 굽히지 않고 불복하였고, 이에 평리원은 법부에 재심을 청하여 선고를 보류하였다.

이준은 이때까지만 해도 러일전쟁에서 일본을 지원해야 한다는 자신의 의지를 굽히지 않았던 것이다. 때문에 응당 정부가 취할 바를 이준 등이 행한 것을 가지고 벌을 받는 것은 부당하다는 주장이었다. 오히려 이준은 행위의 정당성을 인정받기 위해 공개재판을 요구하였다. 이후 재판부는 이준의 요구를 받아들여 공개재판에 붙이기로 결정하였다.

한편, 이준이 감옥에 갇힌 지 3개월이 되어갈 무렵, 그의 부인 이일정 여사가 6월 8일 법부에 청원해 감옥생활 몇 개월에 신병이 약해져 목숨이 오늘, 내일하니 정상 참작하여 풀어줄 것을 요청하기도 하였다. 결국 이준은 6월 17일 법부대신이자 평리원 재판장이던 이지용이 주재한 공개재판에서 전과 같이 장80을 선고받고 석방되었다.

보안회를 결성해 일제의 황무지 개간권을 무력화시키다

이준이 한성감옥에서 풀려나왔을 때는 일제의 황무지개척권 요구에 반대하는 상소가 빗발치던 때였다. 일제의 황무지개척권 요구는 1904년 2월 23일 체결한 한일의정서에 근거한 것이었다. 일제는 한국과 한일의정서를 체결한 직후, 이토 히로부미는 한국을 '보호국'으로 일본에 예속시키기 위해 현지 정세 조사차 한국으로 건너와 10여 일동안 머물면서 공작을 펼쳤다. 이때 일본공사 하야시가 이토 히로부미에게 철도·해운·

어업권·광업권 등 여러 이권뿐만 아니라, 미경작지 개간권에 대해서도 건의하였다. 이에 따르면 다른 나라에 일본의 침략성을 감추기 위해 개간권을 일본인 한 사람에게 획득케 하되, 그 경영은 일본 정부의 방침에 따르도록 하는 것이었다.

이후 일제는 일본 대장성의 관방장을 역임한 일본농구주식회사 사장 나까모리長森藤吉郎를 내세워 황무지 개간권을 얻어내기 위해 대한제국 황실을 상대로 공작을 펼쳐 나갔다. 그리고 1904년 5월 24일 일본 외상은 하야시에게 나까모리의 뜻에 따라 한국 황무지 경영권을 얻도록 지시하였다. 그리고 일제는 이러한 일들이 밖으로 새어 나가지 않도록 비밀리에 움직였다. 그 뒤 6월 6일 일본공사는 외교공문을 통해 한국의 황무지 개간권을 일본인 나까모리에게 특허해 줄 것을 요구하는 동시에 계약서 초안을 조선 정부에 제출하고 승인을 강요하였다.

이 계약서에 따르면 한국 내부에 소속된 토지와 관청에서 관할하는 토지 중 개간되지 않은 전국토의 3할 가량 되는 황무지의 개간, 정리, 척식 등 일체의 경영권과 거기에서 얻게 되는 모든 권리를 50년간 나까모리에게 양도한다는 내용이었다.

이와 같은 일제의 요구에 한국 정부는 어떻게 해야할지 몰라 머뭇거리는 사이에, 6월 중순경 이러한 사실들이 세상에 알려지게 되었다. 그 뒤 이를 반대하는 유생들과 전직 관료들의 상소와 통문들이 빗발쳤다. 1904년 6월 22일 이상설은 나까모리의 황무지 개간 청구에 대한 반대 상소를 올렸으며, 이어 허위 등은 배일통문을 전국에 보내 황무지 개간 반대 운동을 일으켰다. 황성신문 등의 언론 기관에서도 논설과 기사를 통해 이를 규탄하였다.

이렇듯 저항이 거세지자, 6월 30일 한국은 일제측에 황무지개간권을 거부한다는 통고를 보냈다. 하지만 일제는 이를 무시하고 서류를 다시 제출하는 한편, 한국 정부에 협박은 물론, 비밀음모·뇌물·체포·투옥 등 온갖 방법을 동원하여 이를 성사시키고자 하였다.

이러한 위협에도 불구하고 한국의 일부 민간 실업가와 중추원 부의장 이도재, 장례원경 김종한 등은 '농광회사'를 설립하여, 정부로부터 황무지 개간권과 광산개발권을 받아내고자 하였다. 개간사업의 특허권을 일본인보다는 한국인 회사에 넘겨줄 것을 요청하여 일제의 이권 침탈을 저지하고자 한 것이다. 이에 한국 정부는 7월 11일 광업부문을 제외한 황무지개간권을 농광회사에 허가해 주었다. 그럼에도 불구하고 일제는 이를 무시하고 계속해서 앞서 체결한 '한일의정서'에 의거해 황무지 개척권을 요구하였다.

반일적 인사였던 송수만 등은 일본이 한국측에 황무지개간권을 요구하는 것은 한국을 송두리째 삼키려는 음모라고 판단하고 강렬한 조직적 민족운동을 전개함으로써 이를 저지시키고자 하였다. 먼저 송수만은 심상진·원세성·양한묵 등과 뜻을 같이 하기로 하고, 조상이 남겨준 강토를 지키자는 '격문'을 서울 시내 몇 곳에 뿌렸다. 그 결과 격문에 호응하는 100여 명의 사람들이 1904년 7월 13일 서울 종로 백목전白木廛에 모여들었다.

이들은 서울 시민들에게 황무지개간권을 일제에 넘겨주는 것은 나라를 팔아먹는 거와 같다며, 하나의 조직체를 구성하여 이를 저지시키고 이에 동참한 국내 인사들을 성토하자는 요지의 연설을 하였다. 이때 시민들의 열렬한 지지를 받아 보국안민을 뜻하는 '보안회'라는 단체가 조직되었다. 그들은 전국에 통문을 돌려 보안회 취지와 운영 요강을 밝히며, 황무지 개간권 문제는 국가의 존망이 달린 것이므로 조그마한 땅도 양여할 수 없음을 분명히 하고, 이러한 뜻이 관철될 때까지 집회를 계속해 나가기로 결의하였다.

이때 이준과 정순만은 4개월 간 감옥 생활에서 벗어나 심신을 추스린 다음 보안회에 적극 가담하였다. 비록 아시아 연대론에 관심을 가지고 일본의 역할을 긍정적으로 평가하고 있던 이준이었지만, 황무지개척권 요구 등 한국 내정에 간섭하는 것은 명백한 국권침탈로 여겼던 것이다. 이준은 보안회 총무로, 정순만은 간사로 활약하면서 격렬한 반대상소와 시위운동을 전개하는 데 주도적 역할을 하였다.

보안회는 매일같이 집회를 갖고 일제의 침략적인 요구를 규탄하는 한편, 각국 공사에게 서한을 보내 일제의 부당함을 국제여론에 호소하기도 하였다. 보안회의 집회로 종로 거리의 장시들은 철시하였으며 전차도 운행될 수 없었다. 이에 정부는 여러 차례 해산을 종용하였으나 집회 참가자들은 아랑곳하지 않았다. 도리어 관리들과 유생들은 더욱 빗발치듯 상소를 올렸다.

한편, 일본공사는 반대운동자들을 무뢰배, 무식배, 정부불평분자, 난민 등으로 몰아세우면서 한국정부에 이들을 해산시켜 줄 것을 강력히 요구하였다. 하지만 한국정부는 강제로 이들을 해산시킬 수 없고, 다만 이들을 설득해 보겠다는 원칙적인 답변만을 보냈을 뿐이다. 이에 일본

공사는 무장한 일본헌병과 경찰을 보안회의소에 출동시켜 해산을 강요하고, 이를 주도하던 신기선·송수만·송인섭·원세성 등을 납치하는 등 탄압을 가하였다.

하지만 보안회 도총무를 맡고 있던 이준은 조금도 굴하지 않고, 오히려 더욱 적극적으로 일본인에게 대부한 황지불하취소운동을 전개해 나갔다. 이에 일본은 일본 군인들을 앞세워 무력으로 보안회의소에 모인 보안회원들을 강제로 해산시키고 관련된 모든 문서를 수색, 압수하였다. 이 과정에서 많은 중상자들이 속출하였다. 뿐만 아니라 일본 헌병들은 황무지 약탈 책동에 반대하는 투쟁을 사전에 차단하기 위해 신문을 검열하기 시작하였다.

사태가 험악해지자 정부는 한국 경찰이 치안을 담당할 것이라며 일본 군경의 철수를 요구하였다. 또한 정부는 한 치의 땅도 절대로 외국인에게 넘기지 않겠다며 보안회의 자진 해산도 요구하였다. 이에 보안회는 정부의 확고한 방침을 믿고 자진 해산하였다.

더 이상 보안회를 탄압할 명분이 없어진 일본으로서도 한 발 물러설 수밖에 없게 되었다. 이에 8월 10일 하야시 일본 공사는 한국 정부가 농광회사에 대한 황무지 개간권 특허를 취소하면 일본도 지금까지의 요구를 철회하겠다는 입장을 밝혔다. 이를 한국정부가 수락하면서 황무지 개척 요구권은 일단락되는 듯 했다.

그런데 1904년 8월 18일, 송병준·윤시병 등이 돌연 보안회에 맞서 친일 단체인 유신회를 조직하게 되면서, 황무지개척권 문제는 새로운 국면을 맞게 되었다. 송병준은 민씨 일파의 박해를 받아 10여 년간 일본에 망명해 있다가, 러일전쟁이 일어나자 일본군 통역으로 귀국하였다. 그리고 일본의 앞잡이로 친일적 단체를 조직하기 위해 예전 독립협회에서 활동했던 윤시병·유학주 등을 끌어들여 유신회를 조직한 것이다. 그 뒤 8월 20일 송병준은 유신회를 일진회로 이름을 고친 뒤, 일제의 꼭두각시 노릇을 하기 시작하였다.

한편, 러일전쟁에서 승세를 굳힌 일제는 8월 22일 한국정부에 제2차 한일의정서 체결을 강압하였다. 이른바 '고문정치'를 통해 한국의 권력구조를 개편하여 정치권력을 장악하고자 한 것이다. 8월 29일 이준은 마냥 이들의 침략을 두고만 볼 수 없어, 보안회 회장에 이건석을 선출하고 국체존중·정치방침 충고 등을 내세우며 저항을 재개하려 하였다. 이에 일본 헌병대는 이건석을 체포하고 그에게 회명을 개칭할 것과 헌병 사령관의 사전 허락을 받도록 강요하였다. 결국 보안회는 더 이상의 활동을 지속해 나갈 수 없게 되었다.

그러자 이준은 이상설·이상재·이동휘 등과 함께 보안회의 후속 단체로 대한협동회를 조직하여 민족 운동을 이어나갔다. 대한협동회의 회장에는 이상설, 부회장은 이준, 총무는 정운복, 평의장은 이상재, 서무부장은 이동휘, 편집부장 이승만, 지방부장은 양기탁, 재무부장은 허위 등이 맡았다. 대한협동회는 일본인의 황무지 개척권 반대운동을 계속하여, 일본 공사로부터 황지문권을 빼앗는 등의 성과를 거두기도 하였다. 대한협동회를 앞장서 이끌던 이준 등이 일본 헌병에 의해 강제 체포되는 일이 일어났지만, 며칠 뒤 고종의 특사로 풀려날 수 있었다. 하지만 대한협동회는 해산되고 말았다.

공진회를 조직해 일진회에 맞서다

이준은 보안회와 대한협동회를 통해 일제의 황무지개척권 요구를 물리친 뒤, 1904년 12월 3일 진명회를 이끌었다. 진명회는 1904년 11월 26일 나유석·이원직 등 보부상들이 전동 선전도가에서 송병준이 조직한 일진회에 대적하기 위해 조직한 상민회商民會를 개칭한 단체였다. 상민회는 과거 보부상들이 황국협회의 권력을 등에 업고 일반 백성에게 피해를 주고, 독립협회를 없애는 데 협력한 점 등을 뉘우치고 혁신운동을 전개하기고자 설립한 단체였다.

그런데 '상민회'라는 명칭이 여전히 보부상들의 이해를 위한 단체로 보일 우려가 있고, 또한 봇짐장수와 등짐장수를 관장하던 상무사의 아류로 인식될지 모른다는 판단아래, 상민회를 진명회進明會로 개칭하였다. '진명'이라는 이름은 일반에게 보다 신선하고 희망적인 이미지를 줄 수 있고, 회원을 포섭하는데 유리할 것이라 생각한 때문이었다. 진명회는 나유석을 회장으로 선출하고 산하에 상무총국을 설치하면서 본격적 활동에 들어갔다. 그러나 보부상에 대한 부정적 인식으로 인해 진명회의 활동은 크게 활발하지 못했다.

그런 가운데 12월 2일 일진회가 진보회와 합병하자, 진명회는 위기감을 느끼지 않을 수 없었다. 진보회는 원래 일본에 망명 중이던 손병희의 지령을 받아, 1904년 2월 이용구 등이 동학의 잔여 세력을 규합해 조직한 단체였다. 진보회는 설립 초기에는 부패한 정부를 탄핵하고 교육·산업의 부흥을 주장하며 360여 개 군에 지방 조직을 설치하는 등 전

유신회를 발전시켜 일진회를 조직한
이용구와 송병준

국적 규모로 기반을 다져나갔다. 반면에 송병준이 만든 일진회는 서울에서 주로 활동했을 뿐 지방조직이 없어 세력을 확대하지 못하고 있었다. 이런 상황에서 일제가 진보회에 대한 소탕령을 내리자, 진보회의 전국 조직을 이용하려는 목적에서 송병준은 이용구를 회유해 일진회에 통합시킨 것이다.

강력해진 일진회에 대항하기 위해 새로운 세력과의 결합이 요구되던 때, 이준은 나유석 등과 손을 잡았다. 이준이 나유석을 알게 된 것은 한성감옥에서였다. 당시 이준은 러일전쟁에 참전한 일본군을 위해 휼병비라는 모금운동을 펼치다가, 나유석은 한일의정서 체결을 반대하는 반일시위를 주도하다가 한성감옥에 투옥되었다. 그러니 투옥되기 전까지는 정반대의 노선을 걷던 두 사람이기도 했다. 그러나 감옥에서 이들은 서로가 구국을 위한 마음에는 다를 바 없음을 확인하고 동지적 유대를 이루게 되었다. 이준과 손잡은 나유석은 보부상의 지도자들을 독립협회 계열과 제휴시켜 거대해진 일진회와 맞서고자 하였다. 이에 따라 이준은 12월 3일 진명회를 공진회라 개칭하고, 일반인의 입회를 확대하기 위해 회원모집 권유서를 각처에 발송하였다.

12월 10일 공진회는 이준을 회장으로 추대하고 김명준을 부회장, 나유석을 총무겸 재무, 평의장에 윤효정·윤하영, 서기 양한묵·김진극 등을 선출하고, 진용을 정비해 갔다. 이때 이준은 일진회의 세력을 약화시키고자 유신회 출신의 김명준·윤효정 등을 일진회에서 탈퇴하도록 권유해 공진회로 끌여들일 수 있었다. 그러한 공진회 임원진은 나유석 등 일부를 제외하고는 대부분이 독립협회에 관여한 인물들로 구성되었다. 이후 공진회는 상업단체 성격보다는 정치단체로서 범위를 확대시켜 나갔다.

이준을 정점으로 진용을 갖춘 공진회는 매주 토요일 오후 2시에 종로 입전도가立廛都家의 사무소에서 통상회를 개최하였다. 이를 통해 공진회는 황실의 권위 및 정부의 명령과 국민의 권리, 의무 등에 관해서 정부에 건의하고 국민적인 혁신운동을 전개해 나가고자 하였다. 이는 공진회가 정부에 설립 취지와 강령을 담아 고종 황제에게 올린 청원서에 잘 나타나 있다.

- 황실의 권위는 전범典範으로 규정된 것만을 존중할 것
- 정부 명령은 법률과 규칙으로 규정된 것만 복종할 일
- 인민의 의무와 권리는 고유 규범 안에서만 자유롭게 할 것

공진회가 내세운 3개 강령을 살펴보면, 공진이라는 뜻에서도 제시되듯이 황실과 정부 그리고 국민이 함께 나아갈 방향을 제시하고 권리와 한계를 명확히 규정하고 있다. 즉 공진회가 지향한 것은 황실이 제도 내에서 통치권을 갖고, 정부는 법률에 따라 정치를 행하고, 국민 또한 법률에 의하여 권리와 의무가 보호되어야 한다는 것이었다. 보부상들이 이전에는 친황제적 태도를 보여 왔음에 반해, 황실과 정부의 역할을 제

한하고자 하였으며 또한 활동의 자율성을 보장받고자 한 것이다.

이준은 공진회의 첫 사업으로 불법적으로 재산권의 피해를 받은 백성들을 대상으로 법률구제사업을 실시하였다. 이준은 정부가 백성들의 생명과 재산을 보호하지 않고 백성이 그것을 스스로 지키지 못하는 현실을 안타깝게 여기고 있었다. 이같은 이준의 인식은 앞서 보듯이 법관양성소와 동경전문학교에서 서구 근대법학을 수학한 경험에서 자연스럽게 형성된 것이었다.

또한 공진회는 궁궐에 드나들거나 관직에 있는 무당과 점쟁이들을 왕의 눈과 귀를 막고 백성들에게 해를 끼치는 잡배들로 규정하고, 이들을 축출하고자 숙청궁금肅淸宮禁을 주장하였다. 이에 공진회는 중추원 의관 강홍대를 비롯하여 성광호·최병주 등 18명을 숙청 대상자로 선정하여 정부에 제출하였다.

그러나 숙청궁금에 대한 정부의 별다른 조치가 없자, 이준은 종로 포전도가에서 특별회를 개최하고, 공진회 회원들로 하여금 그릇된 술사들을 모조리 잡아오도록 하였다. 이 때 궁중을 드나들며 점을 치고 복을 빌며 재앙을 물리치던 사람들 대부분은 몸을 피해 숨었다. 미처 피하지 못한 궁내부 특진관 이유인(점술가)과 내부 참서관 구본순(풍수가) 등이 잡혀왔다.

이유인은 경북 예천출신으로 과거 민비의 총애를 받던 무당 진령군眞靈君에게 시종하여 복술로 정계에 등장한 인물이다. 진령군이란 호칭은 1882년 임오군란으로 민비가 충주 인근으로 피난하였을 때, 제천의 무녀 이씨가 민비의 환궁시기를 예언한 것이 적중하자, 민비가 이씨를 서

이준이 공진회·헌정연구회를 조직해 맞섰던 일진회 회원들

울로 데려와 진령군에 봉하면서 비롯되었다. 민비는 이씨의 말에 따라 동대문 밖 흥덕사(지금의 명륜동 1가)에 북관 왕묘를 건립한 뒤, 이씨를 기거토록 하였다. 이후 세간에서는 '세도길이 북묘로 통한다'는 말과 함께 소위 무당세도라는 말이 크게 돌기도 했다.

이유인도 무당세도로 크게 출세한 인물 가운데 한 사람이었다. 그는 대한제국 초기 법무대신 및 평리원 재판장 등 핵심 관직을 역임하는가 하면, 1898년 러시아파 김홍륙, 1900년 국사범 안경수·권형진 처단 등에 앞장 서면서 고종 황제의 신임을 크게 받기도 했다. 그리하여 일본의 황무지 개척권 요구 반대를 위해 결성된 보안회 회장에도 일시 추대되

30대 당시의 이준

기도 하였다.

공진회 회원들은 이들을 사무실로 끌고 와 죄상을 자복케 한 뒤, 평리원 검사 김정목에게 보내 이들의 과거 악행을 열거하고 엄히 다스릴 것을 청하였다. 그런데 이 사건은 그들이 원했던 바와는 달리 정국을 아연 긴장시켰다. 일반인들이 스스로 경찰권을 행하며 현직 고관들을 전격적으로 체포하여 평리원에 이송하고 검사를 소환해 질문한 경우는 당시로서도 유례를 찾아볼 수 없었던 것이다. 당시 공진회는 일진회보다도 훨씬 강경한 입장에서 '정부를 반대하는 당'으로 변했다는 평가를 받기도 하였다.

일부 정부 대신들은 이러한 사태를 과거 독립협회 활동 때의 위기와 비슷한 유형으로 파악하고, 순검과 헌병 및 군대를 동원시켜 공진회를 탄압하자고 하였다. 고종 황제 역시 숙청궁금사건을 일으킨 공진회원들을 혹세무민자로 규정하고 이들에 대한 체포를 지시하는 한편, 이를 사전에 막지 못한 경무사 백성기를 해임시키는 등 공진회 탄압에 강력한 의지를 내보였다.

이에 따라 신임 경무사 김정근은 공진회장 이준을 비롯하여 총무 나유석, 평의장 윤효정, 회원 윤하영 등 4명을 잡아 가두었으며, 평리원 재판장 민병한은 공진회원이 잡아보낸 이유인과 구본순 등을 석방하고 순검 10명을 배치하여 그들의 집까지 호위하는 배려를 아끼지 않았다.

상황이 이렇게 급전하자, 공진회는 전 경무관 김정식을 임시회장으로 선출하고, 진보회 회원 양한묵, 만민공동회 대표위원 출신의 정항모 등을 앞세워 이준을 비롯한 공진회 간부 석방을 요구하며 시위를 전개해 나갔다. 이들의 시위는 이준 등이 평리원으로 이송된 뒤에도 계속되었다. 이들의 시위무대가 평리원에서 종로로 옮겨 가면서 일반인들까지 가세하여 시위규모는 더욱 확대되어 나갔다. 이렇듯 시위대가 불어나자 당황한 정부는 경무청뿐만 아니라 일본 기마헌병대까지 출동시켜 시위대를 해산시키려 하였다. 이에 시위대는 장소를 황제가 거처하는 덕수궁 대안문 앞으로 옮겨 시위를 계속하였지만 결국 강제로 해산되고 말았다.

대규모 시위가 잇따르자 정부는 공진회뿐만 아니라 시위에 동참한 일진회의 사무실을 봉쇄하고 시위 군중의 해산을 명하였다. 이때 공진회는 1905년 1월 4일에 있을 황태자비 민씨의 국장일을 이유로, 12월 27일 예정된 집회를 돌연 취소하였다.

공진회는 국장을 이유로 집회나 시위를 취소하였으나, 체포된 이준 등 지도층의 석방을 위한 노력까지 포기한 것은 아니었다. 공진회는 당시 변호사법이 제정되기 이전이라 한국인 변호사가 없는 관계로 부득이 일본인 변호사를 선임하고, 정부에 이준·윤효정·나유석 등 3명의 재판을 공개재판으로 진행할 것을 요구하였다.

그럼에도 12월 28일 밤, 평리원은 재판없이 이준과 윤효정을 종신징역, 나유석을 교수형을 선고하였다. 이에 공진회는 이준 등의 석방을 위한 상소문을 관계 대신들에게 보내는 한편, 재판 없이 이준 등을 선고한 평리원 재판장 민병한을 고소하였다.

이때 당시 법부대신이었던 권중현은 이준과 윤효정에게 '고위 관리에게 추잡한 욕설을 한 사람은 먼 변방으로 보내 군역에 복무시킨다充軍'는 형률과 충군하는 사람은 장 100대에 3,000리 귀양에 준한다는 법조문에 따라, 마땅히 태형 100대와 종신 징역에 처해야 하지만, 사사로운 것이 아니기 때문에 이를 정상 참작한다며, 태형 100대에 징역 10년에 처하고자 하였다. 그리고 나유석은 "영토와 종묘사직을 보전하기 어렵다면 차라리 황제 폐하의 지시를 받들지 않을지언정, 종묘사직과 영토를 안전하게 하는 것이 마땅하다"는 불온한 말을 하였다 하여, 태형 100대에 징역 15년을 처할 것을 고종 황제에게 상주하였다. 그러나 이를 받아본 고종 황제는 세 등급을 감해 모두 귀양을 보내라는 조처를 내렸다.

이준과 윤효정은 유배 3년에, 나유석은 유배 5년형을 받고 황해도 철도鐵島로 보내지게 되었다. 그 뒤 민영환·이용익·이인재 등의 간청과 알선으로, 2월 12일 고종 황제의 조칙에 의해 이준 등은 특별 석방되었지만, 공진회는 더 이상 주목할 만한 활동을 하지 못하고 스스로 해산하고 말았다.

구국운동을 전개하다

국민교육회를 통해 교육에 힘쓰다

1905년 3월 유배에서 풀려나 서울로 돌아온 이준은 동대문 안에 있던 연동교회에 입교한 뒤, 연동교회 신자들을 중심으로 조직된 국민교육회에 참여하였다. 국민교육회는 1904년 8월 20일 이원긍·홍재기·김정식 등의 주도로 설립되었다. 이날은 송병준이 친일단체인 유신회를 일진회로 개칭한 날이기도 하다. 이들은 1902년 이른바 개혁당사건으로 한성감옥에 수감되었을 당시 도서관에 비치되었던 기독교관련 서적들을 읽고 기독교로 개종한 인물들로 1904년 무죄로 석방되자 연동교회의 게일 목사에게 세례를 받았다.

그 뒤 이들은 연동교회에 출석하면서 급변하는 정국을 목도하였다. 이때 이들은 무엇보다 국민교육이 시급하다는 것을 공감하고 교육

국민교육회 창립에 많은 도움을 준 게일목사

문제에 깊은 관심을 갖게 되었다. 실력양성론에 입각하여 시급히 국민계몽기관의 설치를 생각하였던 것이다. 이 때 연동교회 담임목사였던 게일 J.S. Gale, 奇一(1863~1937)의 적극적인 도움을 받아 국민교육회를 창설하게 되었고, 연동교회 혹은 게일의 집에서 집회를 가지거나 연동교회 내 그리스도 신문사를 사무소로 사용하기도 하였다.

게일은 1888년 한국으로 건너와 선교활동을 전개하면서 한국교회 초창기 문서사역에 크게 공헌했던 캐나다 출신의 미 북장로교 선교사이다. 게일은 한국으로 건너와 성서를 번역하는 한편, 1894년 작가 존 버년의, 신의 노여움을 두려워하는 예수교도를 그린 우의寓意 소설《천로역정》을 최초로 한글로 번역하였으며, 《한영사전 Korean-English Dictionary》을 편찬하기도 하였다.

국민교육회는 회장과 부회장 이외 간사 12명을 비롯하여 회계검사 1명, 회계 2명, 서기 2명, 편집위원 10명 등 모두 29명으로 구성되었는데, 1904년 9월 회장 이원긍을 중심으로 전덕기·최병헌·유성준 등이 주요 간부로 활동하였다. 국민교육회는 한국사회에 무엇보다도 교육이 시급함을 인식하여, 서적·신문·잡지 등의 발간과 지원, 또한 학교 설립이나 지원, 본국사기와 지지, 고금의 명인전적을 모집하고 널리 펴내 국민들에게 애국심을 고취시키고 원기를 배양하고자 하였다. 그러나 정치

문제에 대해서는 회칙에 불간섭의 입장을 명시할 정도로 철저히 배제시켰으며, 창립총회에서도 정치상 관한 사항을 일체 거론하지 않기로 하였다.

때문에 기독교에 열성이던 이원긍이 국민교육회 회장을 수행할 때는 회칙과 친목회의 연설 등에서 기독교적 성격이 매우 강하였다. 당시 사회에서는 정동교회에 의법회가, 상동교회에 상동청년회가, 그리고 연동교회에 국민교육회가 소속되었다라고 할 정도로 국민교육회는 기독교적 성격을 띠고 있었

이한응
국권이 쇠약해지면서 외국인으로부터 심한 모멸감을 받아 울분에 자결한 주영대리공사

다. 심지어 회의가 있을 때는 개회기도와 폐회기도를 하였으며, 회합을 가졌을 때는 '하느님을 공격하는 뜻'으로 기도하는 것을 회칙에 규정하기도 하였다.

국민교육회가 창립할 당시 이준은 일제의 황무지개척 요구권 반대운동을 펼치던 때문에 이에 간여할 수 없었다. 그 뒤 이준은 국민교육회 창립 멤버였던 김정식과 함께 공진회 활동을 전개하면서 기독교로 개종하였고 전덕기 목사에게 세례를 받게 되었다. 그 뒤 유배에서 풀려난 뒤 연동교회에 입교하면서 국민교육회에서 본격적인 활동을 펼치게 되었다.

그러나 이준이 국민교육회에 적극 참여하게 되면서, 그동안 철저히 배제시켜왔던 정치적인 입장에 변화가 일기 시작하였다. 먼저 1905년 7월 주영 대리공사 이한응의 자결을 애도하는 조문을 '국민교육회 회월 일동' 명의로 발표하였다. 이한응은 1903년 공사관 참서관으로 영국에 부임한 이래 1904년 공사의 사무를 서리하였다. 그런데 일본과 러시아가 전쟁을 시작한 이후로, 제1차 한일협약과 대외적으로는 제2차 영일동맹으로 국권이 날로 쇠약해지고 외국인으로부터 받는 모욕이 심해지자, 이한응은 울분을 삭히지 못하여 1905년 5월 12일 이를 개탄해 음독 자살하였다. 당시 그의 나이 31세였다. 이때 그가 고국에 있는 가족에게 보낸 편지를 보면, "오늘날 나라가 받는 치욕은 갈수록 심해져 외국인으로부터 모욕을 받고 있다. 다른 나라와 교섭하는 사이에 부끄러움을 견디기 힘들다. 혈기가 치밀어 오른다. 그처럼 구차하게 살아가느니, 별안간 아무 것도 모르게 되는 것이 낫겠다."라는 유서를 남겼다. 이한응의 순절은 국내외의 큰 반향을 일으켜, 같은 해 7월 그의 유해가 국내에 들어오자 각 신문에서는 그를 추도하는 글이 연일 이어졌고, 추도회도 개최되면서 국민교육회에서도 조문을 발표한 것이다.

1905년 9월 30일 개최된 국민교육회 친목회에서 그러한 성격 변화를 읽을 수 있다. 당시 회장 이원긍은 문명의 본래 뜻이 교육에 있고 교육의 본래의 뜻은 기독교에 있다고 한 반면, 이준은 기독교정신에 국한되어 국민계몽을 내세우기보다는, 국민 대다수를 포용할 수 있는 교육문제에 더욱 관심을 두어야 한다고 연설하였다. 국민교육회를 어떻게 끌어갈 지에 대한 서로의 미묘한 입장 차이를 보여줬던 것이다. 이준은 국민교육회를 정치 단체로 키워가고자 한 것으로 보인다. 그러나 이준은 일제가 한국을 보호국으로 만들려는 획책을 막는 데 열중하였기 때문에 국민교육회 활동을 잠시 접어야만 하였다.

헌정연구회를 조직해 활동하다

이준은 국민교육회에서 활동하는 한편, 1905년 5월 24일 공진회 회원이었던 윤효정·양한묵 그리고 심의승 등과 함께 헌정연구회를 설립하였다. 이준은 국민교육회를 통해 국민계몽에 힘쓰고, 헌정연구회를 통해 정치적인 모색을 시도하려 했던 것으로 보인다. 당시 한국은 일본에 의해 독립이 위협받던 시기였는데, 특히 일진회의 노골적인 친일 행각에 맞서는 한편 국권유지의 방책을 모색하는 정치단체의 필요성이 어느 때보다도 절실하였던 것이다.

헌정연구회는 창립총회에서 회장에 장기렴, 부회장에 이준, 평의원에 윤효정, 사무장에 심의성 등이 임원으로 선임되었다. 평의원으로는 당시 개신유학자인 홍필주·홍재기·이기·이윤종·양한묵·윤병·김정식 등이 선출되었다. 또한 이준이 활동하고 있던 연동교회와 국민교육회의 인물들인 김정식·이원긍·서병철·유진형·서병길 등이 참여하였다. 그러므로 헌정연구회는 공진회의 주도세력을 중심으로 이준을 매개로 한 국민교육회 일부 회원과 일본의 침략적 현실 밑에서 정치 결사 단체를 모색하던 개신유학자 등이 연합해 결성한 단체였던 것이다.

다만 공진회 때 같이 활동하던 보부상 출신들은 제외시켰다. 그것은

헌정연구회에서 같이 활약했던 양한묵

보부상들이 학문적 소양이 부족하여 그들이 추구하고자 하였던 헌정연구라는 목적에 적합하지 않았던 때문이 아닌가 생각된다.

헌정연구회는 반일진회 운동을 적극 추진하였다. 일진회는 러일전쟁 중에서 일제의 의도하에 조직되어 반정부활동을 펼쳐왔다. 이러한 일진회에 대한 한국민들의 반응은 매우 부정적이었으며, 특히 황실과 정부에서는 여러 차례 일진회 해산을 시도하였으나 번번이 일본군의 방해로 그 목적을 이루지 못하였다. 이준이 이끌었던 보안회나 공진회도 예외는 아니었다. 이에 헌정연구회는 한국에 대한 일제의 전횡과 일진회와 같은 친일세력에 활동에 맞서 국권을 수호하고자 하였다.

헌정연구회는 그 명칭에서도 나타나듯이 헌정에 관한 연구를 목적으로 하고 있었다. 사실 이준이 헌정연구회를 실질적으로 이끌었던 것은 그가 한국과 일본에서 서구 근대법학을 공부하고, 서구의 정치학이나 국가학에 관해 대단히 해박한 지식을 가지고 있었기 때문에 가능한 것이었다. 당시 헌정연구회의 입장은 대세의 변화에 따라 입헌을 해야 한다고 전제하고, 앞으로 10년 이내에 흠정헌법을 실시하여 군주의 통치권과 내각의 시정권, 국민의 의사권 즉 참정권 등을 내세웠다. 따라서 헌정연구회는 외세의 침략을 막고 국권을 유지할 수 있는 정치체제로 입헌군주제를 주장하면서도 그 형태는 헌법제정을 통해 군주가 국권을 장악하고 절대적인 통치권을 행사하는 데서 찾았던 것이다.

　1905년 7월 3일 헌정연구회 제1회 통상회가 이준을 비롯한 회원 50여 명이 참석한 가운데 계동 궁내부 비서관인 김명제의 집에서 개최되었다. 이때 헌정연구회의 규칙이 통과되었으며, 이준 등이 취지를 설명하였다. 그런데 이 모임에 일본 헌병들이 임석하고 있었다. 이는 1905년 1월 초, 일제가 "서울과 그 부근에서 정사에 관한 집회와 결사는 일본군사령부의 허가와 아울러 헌병이 임석하고, 그 명령에 복종해야 한다."고 일방적으로 전한 방침에 따른 것이었다. 특히 헌정연구회는 이준·윤효정·이원긍 등이 일본군의 지원을 받던 일진회와 대립하기 위해 결성한 단체였으므로 일본군의 주목을 끌기에 충분하였던 것이다.

　그 뒤 헌정연구회는 《헌정요의》라는 소책자를 발간하고 이를 7월 15일부터 8월 3일까지 《황성신문》에 연재하였다. 《헌정요의》를 누가 저술하였는지 분명하지 않으나, 다만 양한묵이 쓴 서문을 보면, "국민이 먼저 국가의 설립한 요령을 각오한 연후에 정치의 사상이 태동하고 정치의 사상이 동動한 연후에 헌정의 본의를 연구하고자" 한다는 취지로 저술되었다고 되어 있다.

　이러한 《헌정요의》는 국가의 본의, 국가와 황실의 분별, 국가와 정부의 관계, 군주와 정부의 권한, 국민과 정부의 관계, 군주의 주권, 국민의 의무, 국민의 권리, 독립국의 자주민 등으로 국가의 의미, 국가 성립과정 및 정치사상의 형성, 헌정의 본 뜻 등을 설명하는 내용으로 되어 있다.

　그런데 헌정연구회는 1905년 8월 개최될 통상회가 출석 미달로 연기되는가 싶더니 9월에는 아예 통상회가 개최되지 못하고 말았다. 이는 러

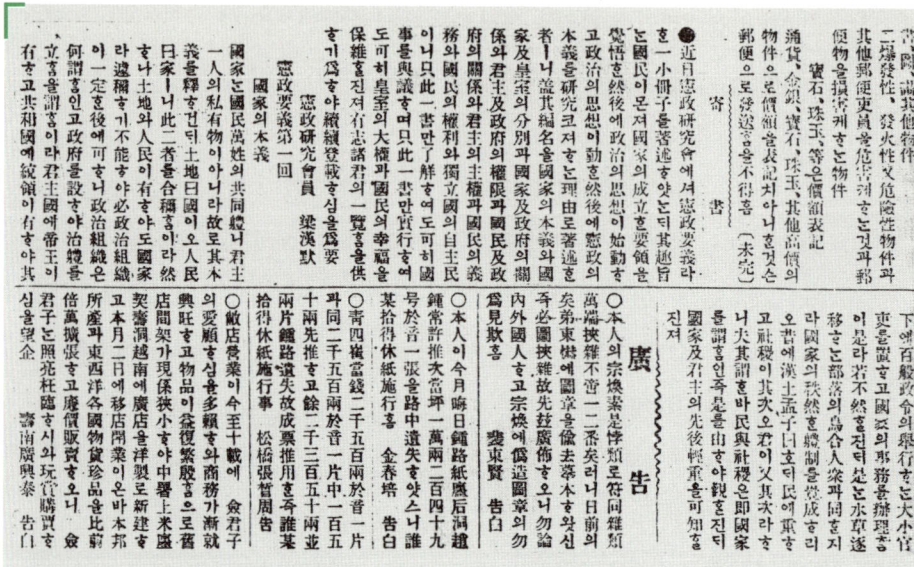

《황성신문》에 연재된 〈헌정요의〉(1905년 7월 15일자)

일전쟁이 끝나는 상황에서 일제의 침략이 노골화되자, 헌정연구회를 이끌던 이준을 비롯하여 이기와 양한묵 등이 당장 눈앞에 떨어진 국권 회복에 전력을 기울인 관계로 활동이 부진했던 것과 무관하지 않았다. 그런 가운데 평의원 윤효정이 헌정연구회를 맡아 회원 모집에 힘을 쏟았으며, 10월 2일 통상회에서는 제2대 회장에 김종한, 부회장에 이중하 李重夏를 선출하면서 새로운 활로를 모색해 나갔다.

전열을 재정비한 헌정연구회는 11월 6일 일진회가 '한국이 일본의 보호국이 되어야 한다'는 선언서를 보내오자 이를 즉각 반송하면서 반일진회 운동을 전개해 갔다. 그럼에도 대세가 기울면서 11월 18일 한국의 외교권을 강제로 빼앗는 '을사늑약'이 체결되자, 윤효정은 박정양 등 정부 원로들에게, 죽음으로써 책임을 지라는 뜻으로 시신을 받쳐놓는 칠성판을 보내는 등 강렬한 저항을 전개해 갔다. 이로서 윤효정은 일본군 경무청에 구금되었으며, 헌정연구회는 통상회를 개최하지 못하는 등 어려움을 겪다가 끝내 해산되고 말았다.

헌정연구회 제2대 회장 김종한

러일전쟁 후, 국제적 미아로 전락한 대한제국

이준이 국민교육회와 헌정연구회를 조직하여 활동할 당시, 일제는 1905년 5월 발틱함대를 동해에서 격파하여 승세를 굳힌 뒤, 한국을 보호국으로 만들기 위해 미국·영국 등 열강의 양해를 얻기 위한 외교적 노력을 다하였다. 먼저 일제는 미국과 7월 29일 가쓰라–태프트 협정을 체결하여 한국에 대한 종주권을 인정받는 대신에 필리핀에 대한 미국의 지배를 확인해 주었다. 그리고 8월 10일 동북아의 세력균형을 원했던 미국 대통령 루스벨트가 러일전쟁의 종지부를 찍기 위한 포츠머스 강화회의를 중재한 지 3일째 되는 날, 일제는 제2차 영일동맹을 체결하였다.

영일동맹으로 양국은 기존 방위동맹에서 공수동맹으로 전환하였으며, 특히 제3조에서 "일본은 한국에서 정치·군사·경제적으로 탁월한 이익을 보유하므로 영국은 일본이 그 이익을 옹호·증진하기 위하여 정당하고 필요하다고 인정하는 지도·감리 및 보호조치를 한국에서 취하는 권한을 승인한다."며 한국 보호권을 인정하였다.

그런데 한국 정부가 영일동맹이 체결되었다는 사실을 공식 확인하게 된 것은 2개월이 지난 10월경이었다. 이에 외부대신 박제순이 영국 공사에게 영일동맹의 내용이 1883년 체결한 한영조약 즉 "조약국의 한 나라가 제3국과 분쟁이 일어나 청원할 경우 조약국의 다른 나라는 필요하면 법을 만들어 거중 조정한다."는 것을 위배한 것이라 공식 항의하였지만 소용없는 일이었다.

이렇듯 러일전쟁 이후 일제의 한국 침략이 노골화되자, 고종 황제는 미국과 러시아에 지원을 호소하고자 하였다. 특히 고종 황제는 미국에 매우 호감을 가지고 있었다. 미국은 우리나라가 1882년 서양의 국가 중에서 가장 먼저 국교를 체결한 나라로, 다른 열강과는 달리 한국의 내정에 대해 중립 내지 초연한 자세를 보이고 있었기 때문이었다. 그리고 조미수호통상조약 제1조에 "제3국으로부터 불공경모不公輕侮(공정치 못하게 홀대 내지는 모욕)를 당하는 일이 있을 때에는, 상대국에 알려 반드시 서로 도와서 선처함으로써 상호우의 관계를 나타낸다."는 내용을 그대로 믿고 있었던 것이다.

한국이 미국에 제일 먼저 손을 내민 것은 러일전쟁이 한창이던 1904년 8월 제1차 한일협약이 체결되었을 때였다. 당시 한국은 재정고문 메가다 슈타로目賀田種太郎, 외교고문 미국인 스티븐스 등에 의한 고문정치로 주권이 위협을 당하게 되었다. 이에 고종 황제는 1904년 12월 주일공사 조민희에게 '한국의 독립유지를 위해 미국이 진력해 주기를 바

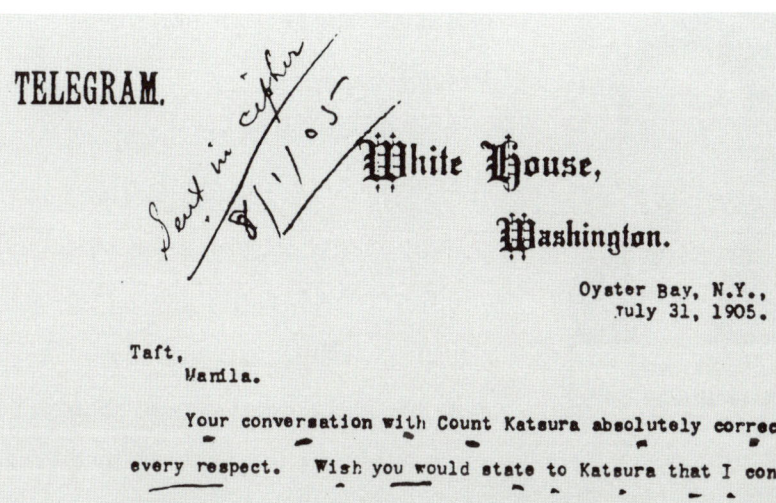

가쓰라-테프트 밀약 추인 및 통보 전신문(1905. 7. 31)

란다'는 내용의 밀서를 미국 헤이 국무장관에게 보내도록 하였다. 또한 러일전쟁을 끝내기 위한 포츠머스 강화회의가 진행되고 있을 때, 이승만과 하와이에 거주하는 목사 윤병구 등이 하와이 교포 8,000여 명의 대표로 1905년 8월 루스벨트 대통령을 만나 일본의 한국침략을 폭로하고 한국독립을 위한 미국의 지원을 요청하는 청원서를 제출하였다. 그러나 미국은 이 청원서를 공식문서가 아니라는 이유로 거절하였다. 당시 미국은 이미 1905년 7월 29일 일본과 가쓰라 태프트 협정을 체결한 직후

이승만과 루스벨트 대통령에게
청원서를 제출했던 윤병구 목사

였기 때문에 한국의 입장을 받아줄 리 만무하였던 것이다.

그 뒤 1905년 8월 포츠머스 강화회의가 열린다는 소식을 접한 고종 황제도 알렌 후임 공사였던 모건Edwin V. Morgan에게 한국 대표의 참가를 타진해 보았으나, 불가능하다는 답변만을 보내왔다. 이에 고종 황제는 강화조약에서 한국에 유리한 조건을 얻기 위해 미국이 '거중조정'을 해 줄 수 없느냐고도 물었지만, 미국 공사는 그저 조용히 결과를 기다리라는 충고만 할 뿐이었다. 당시 루스벨트는 "우리는 일본의 의사를 거슬려가면서까지 한국문제에 관여하고 싶지 않다. 한국인은 자신들의 방위를 위해 일격을 가할 능력도 없다."고 평가하였을 뿐만 아니라, 러·일 사이의 강화가 성립되면 한국은 일본의 보호국이 되어야 한다고 생각하고 있었기 때문에 그에게 도움을 요청한다는 것은 소용없는 일이었다.

한편, 1905년 8월 헌정연구회 평의원 이기와 양한묵 등은 나인영·오기호·윤주찬 등과 함께 일본 동경에서 만나 포츠머스 강화회의가 개최되고 있는 미국으로 건너가 한국의 입장을 밝히고자 하였다. 그러나 그들의 계획은 일본의 방해로 실패하고 말았다.

결국 한국이 아무런 조처를 취하지 못하는 사이에 1905년 9월 5일 루스벨트가 중재한 러일간 포츠머스조약이 체결되었다. 조약 내용 가운데 한국 및 동북아 정세에 미친 조항을 정리하면 다음과 같다.

제2조 일본이 조선에 지배적인 정치·군사·경제적 권리가 있음을 인정하고, 일본 정부가 조선에 대하여 필요하다고 생각하는 지도·보호·감독 조치에 간섭하지 않는다.

제5조 러시아는 뤼순 및 다롄 조차권과 이와 관련된 일체의 권리와 특권을 일본에 양도한다.

제6조 러시아는 장춘 및 뤼순 철도와 이와 관련된 일체의 권리와 특권을 일본에 양도한다.

제9조 러시아는 북위 50도 이남의 사할린 섬과 그 주권을 일본에 영구히 양도한다.

미국 대통령 루스벨트

포츠머스조약에 의해 일제는 한국보호권을 인정을 받아 한국에 대한 실질적인 지배를 구체화시켜 나갔으며, 또한 러시아로부터 랴오둥반도와 만주철도를 빼앗아 오게 되어 중국 대륙정복을 위한 확고한 발판을 마련하게 되었다. 이로써 일제는 동북아의 강국으로 국제적 지위를 인정받게 되었다.

조약 체결 이후, 일제가 한국을 보호국으로 삼으려 한다는 설이 국내에 유포되어 사회 불안을 야기하고 있었다. 이러한 때에 민영환과 이준 등은 9월 20일경 미국 대통령 루스벨트의 딸인 앨리스Alice와 뉴우랜즈 상원의원 부부, 질레트 하원의원, 해군대장 특레인, 해군부장 고빈 등이 한국을 방문하자, 한국의 처지를 이해시킬 수 있는 아주 좋은 기회라 생각하였다. 이에 9월 26일 이준과 민영환은 이들을 위한 만찬을 전동의 민영환 집에서 성대하게 열었다. 당시 윤치호가 통역을 담당하였고, 이준·민영환을 비롯하여 이상재·헐버트 H. B. Hulbert 등 많은 인사들이 참석하였다. 여기에서 민영환은 앨리스에게 한국의 상황을 설명하는 한편, 미국의 힘을 빌어 일제의 침략으로부터 한국을 보호하기 위한 한미공수동맹을 제안하였다. 이에 앨리스는 이러한 한국의 입장을 충분히 이해한다며, 자기 아버지인 루스벨트에게 이를 잘 전달하겠다는 뜻을 밝히기도 하였다.

그 다음 날인 9월 27일, 민영환과 이준은 포츠머스 조약에 따른 일본의 한국에 대한 정책을 살펴야 한다는 데 의견을 같이 하였다. 이에 이준은 자기가 직접 일본으로 건너가 망명 중인 박영효 등을 만나 일본의 정치상황을 살펴보기로 하였다. 당시 일본에는 미국 공화당의 의원들 상당수가 동경에 체류하고 있었으므로 내외 여론의 향방과 깊은 정보를 손쉽게 알 수 있는 때였다.

동경에 도착한 이준은 박영효를 비밀리에 만나 민영환의 뜻을 전하고, 러일전쟁 이후 일본 내 여론과 동향을 살피고 정책비계의 수집을 부탁하였다. 그리고 이준은 포츠머스 강화회의에 참석하고자 하였으나 일본측의 방해로 뜻을 이루지 못하였던 양한묵·이기·나인영(일명 나철) 등을 만나 일본의 정치상황을 어느 정도 파악하게 되었다. 또한 그가 망명했을 때에 알고 지냈던 일본의 지사들로부터 일본 조야의 시론도 들을 수 있었다.

이때 이준이 가장 충격을 받았던 것은 일본이 제2차 영일동맹과 포츠머스 조약을 통해 강대국들로부터 한국을 보호국으로 만들어도 좋다는 인정을 받았다는 사실이었다. 그리고 이미 일제가 한국을 보호국화하기 위한 절차를 상당히 진행시키고 있다는 점이었다. 당시 일제는 1905년 10월 포츠머스 회담의 일본 대표이며 외무대신인 고무라小村壽太郎, 주한 일본공사 하야시, 총리대신 가쓰라 등이 보호조약을 체결할 모의를 하고 있었다. 그 결과 10월 27일 일본 각의에서 한국을 보호국화를 위한 '호보조약'의 원안이 작성되었을 뿐만 아니라 이를 위해 당시 추밀원 의장직을 맡고 있던 이토 히로부미를 한국에 파견할 시기를 11월 초순경으로 잠정하고 있었다.

일제의 한국침략 구상에 충격을 받고 급히 귀국한 이준은 민영환에게 이런 사실들을 보고하고 그 대책을 논의하였다. 한편 국내에서는 1905년 10월 15일 일진회가 '한일보호조약'을 촉구하는 성명서를 발표하여 어수선한 분위기를 더욱 힘들게 하고 있었다. 이에 민영환은 상해에서 일제의 만행을 전 세계에 알려 국제여론을 환기시켜 일본의 행동을 견제하고자 하였다. 이때 이준은 민영환으로부터 여비 3천 원을 건네받고 급히 상해로 건너갔으며, 민영환은 주불공사로 가있던 그의 동생 민영찬에게 상하이로 건너가 이준을 돕도록 하였다. 그런데 프랑스에는 고종 황제의 측근이었던 이용익도 머물고 있었기 때문에 민영찬의 상하이행에는 이용익과의 관계에서도 살펴봐야 한다. 이용익이 프랑스로 가게 된 것은 1905년 6월 경 러일전쟁이 막바지에 접어들 무렵이었다. 당시 군부대신이었던 이용익은 프랑스의 도움을 받고자 고종 황제로부터

한국의 독립운동에 헌신했던
헐버트

활동자금 30만 원을 얻었다. 그 뒤 포츠머스조약이 체결되자 프랑스공사관에서 발급한 여권을 가지고, 인천에서 청나라 돛단배를 타고 몰래 상하이로 가다가, 그만 폭풍을 만나 중국 산동성 연태항에 다다르게 되었다. 이때 연태항에 있던 일본 영사가 이 사실을 서울에 있는 일본 공사에게 보고함으로써 세상에 알려지게 되었다. 이에 고종 황제는 모의가 새어나갈 것을 염려하여 이용익을 면직시켰지만 이용익은 연태항에서 다시 상하이로 향하다가 방향을 바꿔 싱가포르를 거쳐 프랑스로 건너갔던 것이다. 이와 같이 일제가 한국을 보호국으로 만들려 한다는 정보를 입수한 이용익은 일제의 동향을 예의주시하면서 주불공사였던 민영찬과 앞으로의 일을 모색하던 중이었다.

또한 상하이에는 1905년 10월 15일 고종 황제가 루스벨트에게 보낸 친서를 가진 《한국평론》 편집이자 특사인 헐버트가 머물고 있었다. 당시 헐버트는 루스벨트의 딸 앨리스와 상하이에서 합류하기로 하였기 때문에 그를 기다리는 중이었다. 앨리스는 한국을 방문한 뒤 중국 북경을 거쳐 상하이로 건너오기로 하였던 것이다.

이준은 상하이에 도착한 뒤, 상하이은행에서 5천 원을 찾고 주불공사 민영찬과 헐버트 등을 만나 대책을 논의하였다. 이에 일제가 한국을 보호국으로 만들겠다는 침략 야욕을 서구 열강에 알려, 그들로부터 지

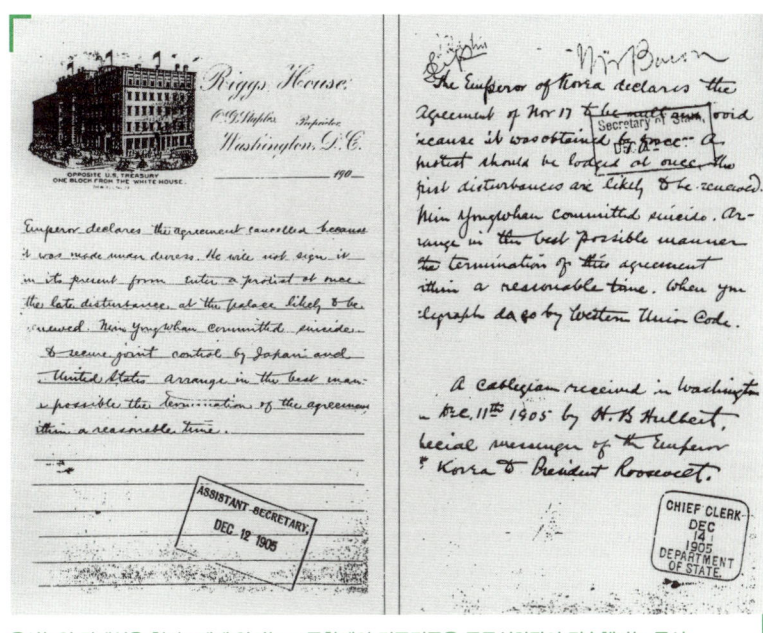

을사늑약 강제성을 헐버트에게 알리는 고종황제의 긴급전문을 국무성차관이 접수했다는 문서
(1905. 12. 14)

원을 받는 것이 제일 우선한 일이라 의견을 모았다. 먼저 중국 상하이에 있는 관리들을 만나 협조를 구하는 한편, 이준이 작성한 전문을 헐버트가 번역하여 각국에 타전하였다. 그리고 헐버트는 그가 주간하던 한국평론사(코리아데일리뉴스)에 일본이 한국을 보호국으로 할 이유가 없다는 것을 알리도록 하였다. 또한 이준은 기독교청년회와 국민교육회로 하여금 이를 규탄하는 시위운동을 전개하도록 하였다.

한편, 상하이를 거쳐 11월 17일 워싱턴에 도착한 헐버트는 곧장 백악관으로 달려가 루스벨트에게 고종 황제의 친서를 전하고자 하였다. 고

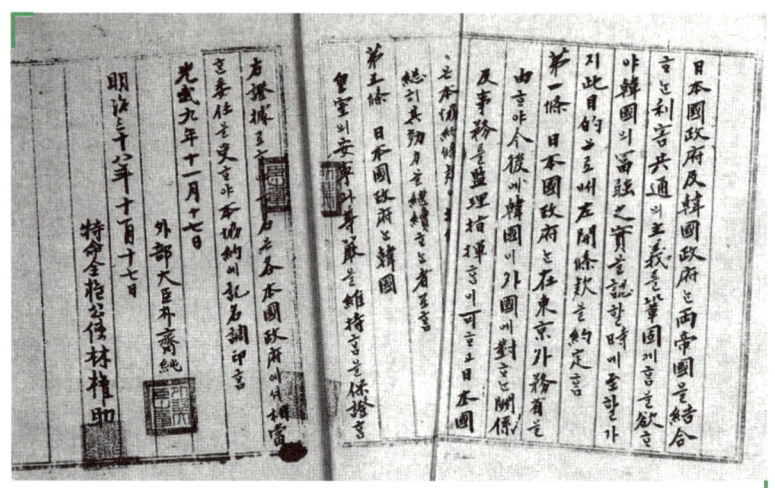

1905년 11월 17일에 체결된 을사늑약 조약문

종 황제가 전한 친서에는 "일본이 외교권을 박탈하려고 하는데 이는 자의에 의한 것이 아니라 무력에 의해 강압적으로 이루어진 것이다."는 것을 사실을 알리고, 한미수호조약의 규약을 들어 한국을 도와줄 것을 요청하는 내용이었다. 그러나 백악관은 국가간 외교문제는 국무성 관할이라는 이유로 친서 접수를 거부하였다. 헐버트는 발길을 국무성으로 돌려 국무장관을 찾았으나 시간이 없다는 이유로 만나 주질 않았다. 이틀이 지나서야 간신히 국무성에 친서가 접수되었으나, 을사늑약이 체결된 뒤였기 때문에 아무런 소용이 없게 되었다. 이후 고종 황제는 11월 26일에 헐버트에게 을사늑약이 위협과 강제로 이루어졌기 때문에 무효라는 비밀전문을 보냈다.

민영환, 자결하다

이준이 상하이에서 세계 각국에 한국이 일본으로부터 압박을 받고 있다는 내용의 전문을 발송하고 있을 무렵, 뒤늦게 고종 황제가 미국에 특사를 파견하였다는 사실을 알게 된 일제는 한국을 보호국으로 만들기 위한 작업을 서둘렀다. 11월 9일 가쓰라 일본 수상은 이토 히로부미를 한국에 급파시켜 외교권을 빼앗기 위한 조처를 밟아나갔다.

서울에 도착한 이토 히로부미는 다음날 고종 황제를 배알하고 "짐이 동양평화를 유지하기 위하여 대사를 특파하오니 대사의 지휘를 따라 조처하소서."라는 내용의 일본왕 친서를 봉정하며 일차 위협을 가하였다. 15일에는 고종을 재차 배알해 '한일협약안'을 내밀었는데, 조정의 심각한 반대에 부딪혔다. 17일에는 일본공사가 한국정부의 각부 대신들을 일본공사관에 불러 한일협약의 승인을 꾀하였으나 오후 3시가 되도록 결론을 얻지 못하자, 고종 황제가 머물고 있는 덕수궁 중명전으로 고종을 찾아가 어전회의를 열 것을 강요하였다.

무장한 일본군인들이 중명전을 에워싼 가운데 고종 황제가 불참한 채 어전회의가 열렸다. 하지만 여전히 의견 일치를 보지 못하자, 일본공사는 이토 히로부미를 불렀다. 일본군 사령관 하세가와를 대동하고 헌병의 호위를 받으며 나타난 이토는 회의를 주재해 나갔다. 이토는 이 날 회의에 참석한 참정대신 한규설, 탁지부대신 민영기, 법부대신 이하영, 학부대신 이완용, 군부대신 이근택, 내부대신 이지용, 외부대신 박제순, 농상공부대신 권중현 등에게 한 사람 한 사람씩 조약체결에 찬반을 물었다.

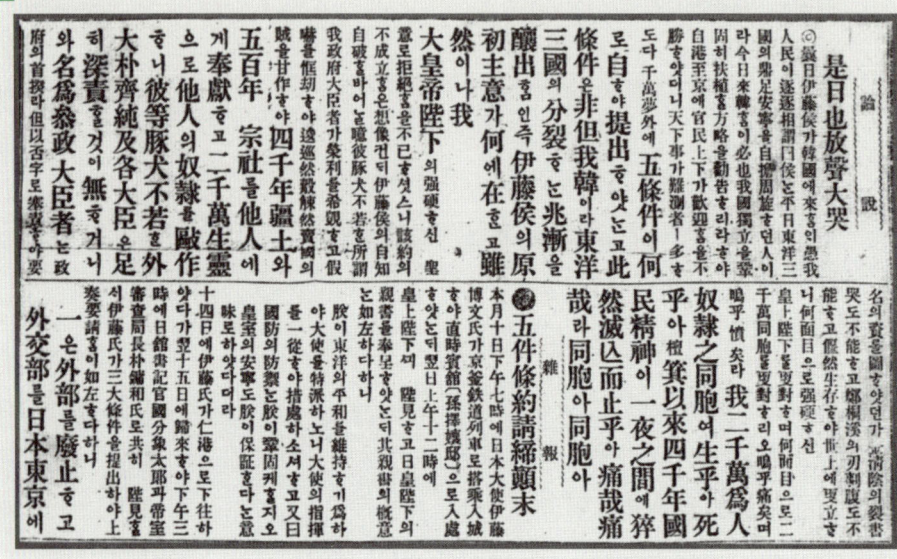

장지연이 《황성신문》에 게재한 〈시일야방성대곡〉

　　이때 한규설과 민영기는 조약 체결에 적극 반대하였지만, 이하영과 권중현은 소극적인 반대 의견을 내다가 권중현은 나중에 찬의를 표하였다. 다른 대신들도 이토의 강압에 못이겨 약간의 수정을 조건으로 찬성하고 말았다. 박제순·이지용·이근택·이완용·권중현 등은 이토가 지켜보는 가운데 조약의 일부분을 수정한 뒤, 1905년 11월 18일 새벽 2시 조약문에 서명하였다. 이때 조약에 서명한 5명이 이른바 '을사오적'인 것이다.

　　소위 을사늑약은 이같은 강압과 날조로 인해 이뤄졌으며, 이로써 한국은 일제에 의해 외교권을 박탈당하며 주권을 상실하게 되었다. 황성신문사 사장 장지연이 11월 20일자 《황성신문》에 〈시일야방성대곡是日也

을사늑약 체결을 축하하는 이토오와 친일 내각

放聲大哭)이라는 논설을 발표, 일제의 침략성을 규탄하고 조약문에 조인한 매국 대신들을 통렬하게 비난하면서 망국의 통한을 절규하였다. 급기야 유생들과 전직·현직 관료들에 의한 상소운동이 이어졌으며, 전 참판 홍만식을 시작으로 수많은 우국지사들의 자결 순국이 잇따랐다. 시종무관장 민영환은 조약이 강제로 체결되었다는 소식을 듣고는 원임 의정대신 조병세, 특진관 이근명 등과 함께 대궐로 나아가 5적의 처단과 조약의 폐기를 강력 청원하였다. 그리고 조병세는 황제의 재가와 참정 대신의 인준이 없는 조약은 무효라면서, 조약체결의 책임자인 박제순과 이에 서명한 이지용 등을 모두 처단하여 국법을 바로 잡을 것을 주장하였다.

그럼에도 아무런 소용이 없음을 느낀 민영환은 최후의 수단으로 자결

을사늑약을 반대하여 자결한 민영환

을 결심하였고, 11월 30일, 전동 이완식의 집에서 고종과 2천만 동포에게 보내는 유서를 남기고 할복 자결을 결행하였다. 민영환의 순국 소식은 곧 전국 각지의 국민들에게 전해졌으며, 또한 삽시간에 온 장안의 시민들이 민영환의 집에 몰려들어 통곡하면서 "국가의 기둥이 쓰러지고 큰 별이 떨어졌다."며 울부짖었다. 이때 이상설은 종로로 뛰어 나와 시민들을 모아 놓고 "민영환이 죽은 오늘이 바로 전 국민이 죽은 날이다. 우리가 슬퍼하는 것은 민영환 한 사람의 죽음 때문이 아니라 전 국민의 죽음 때문이다."라고 연설한 뒤, 땅에 있는 돌에다 머리를 찧고 쓰러졌다. 이상설은 머리가 깨지고 유혈이 낭자한 채 기절하고 말았다. 군중들에 의해 들것으로 집에 실려간 이상설은 한 달이 지나서야 겨우 건강을 회복할 수 있었다.

민영환이 남긴 5통의 유서는 그 전문이 순국 이튿날인 1905년 12월 1일자 《대한매일신보》에 실리면서, 전 국민의 항일의지를 일깨우는 촉발제가 되었다. 《대한매일신보》는 12월 3일자 논설을 통해 민영환의 순국을 찬양하면서, 온 국민이 자유 독립을 위해 궐기할 것을 주장하기도 하였다.

국민에게 남긴 유서

오호라, 나라의 수치와 백성의 욕됨이 바로 여기에 이르렀으니, 우리 인민은 장차 생존 경쟁하는 가운데 모두 진멸될 것이로다. 장차 경쟁에서 살기를 바라는 자는 반드시 죽고 죽기를 기약하는 자는 삶을 얻으리니, 여러분은 어찌 헤아리지 못하는가? 영환은 한 번 죽음으로써 우러러 황은에 보답하고 이천만 동포 형제에게 사죄하노니, 영환은 죽어도 살아서, 구천에서도 여러분을 기

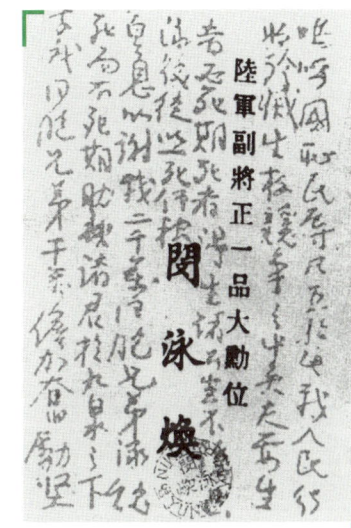

명함에 쓰여진 민영환 유서

필코 돕기를 기약하나니, 바라건대 우리 동포 형제들은 천만 번 더욱 분투하여 그대들의 뜻과 기개를 굳게 하여 학문에 힘쓰고, 마음으로 단결하고 힘을 합쳐서 우리의 자주 독립을 회복한다면, 죽은 자는 황천에서도 기꺼워 하리라. 저 어둡고 깊은 죽음의 늪에서도 기뻐 웃으리로다 -《대한매일신보》1905년 12월 1일자

민영환의 뒤를 이어 조병세도 두 차례에 걸쳐 상소한 뒤 국민과 각국 공사에게 보내는 유서를 남기고 음독 자결하였다. 그 뒤 전 참판 이명재, 학부주사 이상철, 이설, 전 참판 송병선, 진위대 상등병 김봉학 등의 자결 항쟁이 잇따랐다.

유생·관료들뿐만 아니라 민중들도 조약 강제체결 소식에 일제히 분

기하였다. 서울 종로에 있던 육의전이 상업회의소의 결의로 철시를 단행하자, 시내의 모든 상가도 여기에 동조, 철시함으로써 조약을 강제 체결한 일제와 여기에 협조한 매국적신들을 규탄하였다.

학생들은 동맹휴학을 결행, 조약반대 운동에 동참하였다. 나인영·오기호 등은 을사오적 암살을 기도하였으나 준비 부족으로 미수에 그치고 말았다. 한편, 상소·순국 등 소극적 저항과는 달리, 일제와의 직접 항전을 통해 주권을 되찾으려는 무력항쟁인 의병운동이 전국 각지에서 일어났다.

상동청년회에서 을사늑약 반대운동 전개하다

상하이에서 머물고 있던 이준은 을사늑약과 민영환의 자결소식을 접한 뒤, 이루다 말할 수 없는 슬픔에 목이 메였다. 이준은 슬픔을 억누르며, 민영환이 사라지고 없는 상황에서 더 이상 상하이에 머문다는 것이 의미가 없다고 판단하고 귀국을 서둘렀다. 12월 상순에 귀국한 이준은 민영환의 죽음에 깊은 상처를 받고 모든 의욕을 잃고 말았다. 그러나 언제까지 슬퍼만 할 수 없는 노릇이었다. 이때 이준에게 손을 내민 이가 전덕기 목사였다.

이준이 귀국할 당시 국내에서는 1905년 11월 을사늑약이 체결되자 전국 교회에서는 구국 철야 기도회와 금식기도회가 열렸고 어떤 지역에서는 감리회·장로회·침례회 등이 연합 기도회를 열기도 했다. 이때 전덕기 목사가 전국 감리교회 엡윗청년회 연합회를 소집하자, 각 지역 엡윗회원들이 서울 상동교회로 속속 모여들었다.

상동청년회는 한국 감리교 선교부의 정책에 의해서 1897년 9월 5일 상동교회에서 조직되었다. 1900년 무렵 해체되었으나 1903년 전덕기를 중심으로 재조직되었고, 이후 더욱 발전해 상동교회 안에 엡윗청년회가 설립되었다. 전덕기는 1894년 스크랜톤 의사의 권고로 신자가 되었고 1898년 그에게 세례를 받았으며, 1901년에는 권사가 되었고 그 다음 해에는 미감리교회 선교회에서 정식 직첩을 받고 상동교회 담임 전도사가 된 일꾼이었다.

상동청년회를 이끌며 을사늑약 반대운동을 전개한 전덕기 목사

이준은 연동교회의 교인이었지만, 1904년 투옥되었을 당시 자주 면회를 오던 전덕기와 친밀한 관계로, 준회원 자격을 얻어 상동청년회에 관여하게 되었다. 당시 상동청년회에서 활동하던 이들은 크게 정식회원·준회원·후원자 등으로 구분되었다. 당연히 정식회원은 상동교회 교인에 한하였지만, 다른 교회 출신자들은 준회원 자격을 부여하여 상동청년회에 참여할 수 있도록 하였다. 주시경은 정동교회 교인이며 엡윗청년회 임원이었지만, 다른 사람들이 상동교회 교인으로 여길 정도로 상동청년회에서 주로 활동했다. 이동휘는 강화도에 거주하고 있었지만 그도 역시 상동청년회 준회원이었다. 그리고 민영환·이상설·이회영 등은 그 후원자로서, 수시로 상동교회에 모여 구국의 뜻을 모아 나갔다. 이준은 상동교회 엡윗회 대표로 참석했으며, 진남포 엡윗회 대표로 김구도 상경했고, 이동녕·

을사늑약을 반대하며 애국지사들이 모여들었던 상동교회

조성환도 참석하면서 구국의 중심지로 발전해 나갔다.

　전덕기 목사는 엡윗회원들을 5명씩 한 반으로 묶어, 연명으로 을사늑약을 반대하는 상소를 올릴 것을 주장하였다. 이들은 뜻이 관철될 때까지 몇 번이고 계속하기로 다짐하였다. 첫 번째로 이준이 조약 폐기에 대한 상소문과 〈오적격토문〉을 직접 쓰고 최재학을 선두로 신상언·이시영·전석준 등 다섯 명이 연명으로 서명한 다음, 대한문 앞에서 상소운동을 시작하였다. 이때 무장한 일본헌병대가 몰려오자, 이준은 가두연설로 맞서며, "우리가 살아남을 수 있는 길은 주권을 죽음으로 지키는 일 뿐이다."

라고 절규하면서 시민들과 함께 투석전을 벌이며 결렬한 시위운동을 전개하였다. 일제는 군대까지 동원해 무력으로 탄압하고 열사를 포함한 수십 명을 붙잡아 투옥시켰으며, 나머지 사람들은 해산당하고 말았다.

상동청년회의 주도 아래 펼쳐진 을사늑약을 반대하는 상소와 가두 연설은 뚜렷한 성과를 거두지는 못하였지만, 사회에 적지 않은 반향을 일으켰다. 한편 일제는 을사늑약 반대운동이 상동교회를 중심으로 전개되자, 선교사들에게 항의를 하는가 하면, 교인들을 적극 감시하기 시작하였다. 한국 교인들의 정치적 활동에 대해 시종 반대 입장을 견지해오던 감리교 선교사들은 결국 전국 감리교회의 엡윗청년회를 해산하였고, 이런 과정에서 상동청년회도 해산되고 말았다.

국민교육회 회장으로 활약하다

이준은 상동청년회가 해산되자 국민교육회에 힘을 쏟았다. 특히 그동안 회장직을 맞아오던 이원긍이 1906년 3월 삼화감리로 임명되면서, 이준이 국민교육회 회장으로 선출되어 국민을 계몽하기 위한 교육활동에 전념하였다. 이준은 교과서 편찬에 적극 나서는 한편 연설회 개최를 통해 신교육 운동에 앞장 섰다. 또한 각 방면의 인사들이 회원으로 영입되면서, 국민교육회 내부의 변화도 눈에 띄게 달라졌다.

설립 초기에는 기독교인이 회원 대다수를 차지하였으나, 이준 이후에는 유정수·현채·이갑·민병두·유근 등 비기독교 회원들도 증가하면서 회원 구성 폭도 넓어졌다. 또한 매주 열리는 연설회에서 일반 대중에 필요한 내용의 주제를 선정하여, 국민계몽을 선도해 갔다.

그런가 하면 1905년 10월에는 신교육에 필요한 교사를 양성하기 위한 국민사범학교에 대한 지원을 강화시켜 나갔다. 국민사범학교 학생들의 학자금과 상품대를 비롯하여, 교사 급료와 경상비, 그리고 실험기계 구입비 등 대부분을 지원하였다. 국민교육회의 재정은 대부분이 기부금으로 충당되고, 그 액수도 적지 않았으나 국민사범학교의 운영에 필요한 자금을 지원하기에는 역부족이었다. 그런 관계로 국민사범학교는 1906년 8월 1회 졸업생을 배출하고 폐교위기까지 맞기도 하였다. 때문에 국민교육회는 신문에 의연금 납부를 호소하는 등 자구책을 강구하면서 근근히 이어나갔다.

이준은 국민교육회를 모태로 돈화문 앞에 설립한 야간제 보광학교의 교장을 겸임하며 노동청년·상공청년 등을 계몽하는데 힘을 기울였다. 이를 바탕으로 보광학교는 1906년 9월 야간제에서 주간제 고등보통학과로 개편되었다.

또한 이준은 교과서 편찬을 국민교육회의 역점 사업으로 추진해 갔다. 1906년에 《신찬소물리학》·《대동역사략》·《초등소학》, 1907년에는 《초등지리교과서》·《신찬소박물학》 등의 국한문 혼용체로 된 교과서를 편찬, 간행하였다. 그리고 1906년 9월에는 국민교육회 회장자격으로 한남학교 설립 축하식 강연에서 "청년학도들은 모두 선량유능한 호국자가 되겠다는 정신으로, 즉 교육은 국방에 있다는 뜻을 더욱 깊이 파지把持하여 우리 조국의 완전 독립을 굳게 하는 주지를 갖고 남의 나라의 청년보다 십 배의 정열을 내서 부지런히 공부하여 주기를" 당부하는 등 교육이

국민교육회에서 설립한 국민사범학교 제1회 졸업식

곧 자주독립의 길임을 역설해 나갔다. 이와 같이 이준은 국민교육의 중요성을 일깨우며, 청년들을 자각시키고자 하였다. 이 때 이준은 1리에 한 개의 학교를 주창하여 3천 리 강산에 3천여 개의 학교를 설립하려는 의지를 펼치기도 하였다.

이와 같이 이준은 국민계몽과 교육활동을 위해 각종의 연설회와 토론회 등을 개최했으며, 기회가 주어질 때마다 교육의 필요성을 역설해 나갔다. 뿐만 아니라 1906년 10월 국민교육회 총회 때 이준은 정부 관료들이 참석한 자리에서 정부의 실책을 강도높게 비판하면서 교육에 필요한 재정지원을 강력히 요구하기도 하였다. 그리고 국민교육회는 예전처럼 비정치적인 사안에 침묵하지 않고 직접 행동으로 나섰다. 그 대표적인 것이 1906년 12월 2일에 을사늑약에 반대해 자결한 '7충신' 추도회를 개최한 것이다.

그 뒤 국민교육회는 통감부의 통제와 탄압이 심해지면서 운영난에 빠지게 되었고, 1907년 7월 헤이그특사 사건 이후에는 유지 자체가 더욱 어려워졌다. 회비마저 제대로 걷히지 않아 경영상 어려움이 더욱 가중되었다. 결국 국민교육회는 1907년 12월 중순 유길준이 주도한 흥사단에 흡수되면서 해체되고 말았다.

평리원 검사로 임명되다

이준이 국민교육회 회장에 선출된 즈음에, 헌정연구회를 이끌었던 윤효정은 을사늑약 당시 칠성판 사건으로 구금되었다가 풀려났다. 그 뒤 윤효정은 1906년 3월 장지연·심의성 등과 함께 대한자강회 창립을 발기하였다. 그리고 4월 4일에 윤효정 집에서 발기인과 동지 20여 명이 모여 임시 임원진을 구성하고, 경무청에 국법범위와 문명궤도 내에서 활동할 것을 서약한 뒤, 4월 14일에 열린 임시회에서 임원진을 구성함으로써 대한자강회가 본격 출범하게 되었다. 그러나 이준은 대한자강회의 발기나 활동에 적극적으로 참여하지는 않았다. 단지 대한자강회가 해산당하기 5개월 전인 1907년 3월 대한자강회 특별총회에서 임기만료에 따라 평의원으로 선출된 것이 전부였다.

이무렵 이준은 1906년 6월 18일 대한제국 사법기관인 평리원의 검사로 임명되었기 때문에 대한자강회에 관여할 겨를이 없었던 것으로 보인다. 당시 평리원 검사 홍재기가 법부첨서관으로 전임하자, 법무대신 이하영이 전직 검사시보였던 이준을 검사로 임명한 것이다. 당초 이준은 을사늑약에 철저히 반대의견을 개진하지 못한 이하영이었기 때문에 그의 제의를 꺼려 했으나, 보다 큰 대의명분을 위해 검사직을 수락했다.

즉 실질적 임무를 수행하면서 법의 질서를 바로 세우기 위함이었다. 그 뒤 이준은 1896년 3월 검사시보를 그만 둔지 10여 년 만에 다시 검사직에 복직하게 되었다.

이준이 처음으로 부서 명령을 받은 곳은 평리원이었다. 평리원은 예전의 고등재판소를 개칭한 것으로 재판장 1명, 판사 4명, 검사 3명, 주사 10명, 서리 4명으로 구성되었다. 평리원은 각 지방재판소와 각 개항장재판소를 총괄하는 곳으로, 판결에 불복한 상소를 수리하고 특지特旨로 내려온 죄인을 심판하는 곳이다.

이준은 평리원 검사로 재직하면서 여러 큰 사건을 담당하였다. 그 가운데 하나가 황족인 이재규 사건이었다. 1899년 8월 고종 황제가 장헌세자(사도세자)를 장종으로 추앙하고, 정종대왕을 정조대왕으로 존호를 올리도록 하였으며, 장헌세자의 비 헌경왕후의 사당인 경모전의 신위를 종묘에 모시도록 하면서, 종친들의 관직도 늘려주었는데, 이때 이재규는 정3품직인 도정에 오른 인물이다.

이재규 사건이란 1906년 5월 28일 경기도 가평군에 사는 한병교가, 황족의 신분을 이용하여 일본인 등과 한 통속이 된 이재규가 증권을 위조하여 자신의 민가 전답을 강제로 빼앗자, 이를 평리원에 고소하면서 비롯된 것이다. 평리원에서는 특별법원을 임시 개정하여, 법부협판 김규희·구영조, 판사 이규식 등이 특별법원 판사를 맡고, 검사 이준과 이건호·정석규 등이 특별검사를 맡게 되었다. 이때 이준은 이재규에게 징역형을 강력하게 구형하였으나, 1906년 10월 특별법원재판장 이윤용의 심리로 열린 재판에서 이재규는 고종의 명에 의해 유배형으로 완화되고 말았다.

이준이 평리원 검사로 재직하는 동안 전국 각처에서는 의병전쟁이 일어나고 있었다. 때문에 검사의 직분으로 피체된 의병장이나 의병들을 기소하지 않을 수 없는 처지에 있었다. 그리고 의병들에게 구형하는 일도 적지 않았다. 이준이 의병에 대해 어떻게 인식하고 있었던가 하는 점을 구체적으로 밝힐 수는 없지만, 검사의 직분을 지키고자 한편으로는 스러져 가는 나라를 위해 목숨을 바친 이들에게 구형해야 했던 것에서 자괴감을 느꼈을지도 모른다.

한북흥학회를 조직하다

평소 이준은 관북지방이 서북지방에 비하여 신지식층이나 신흥시민층이 발달하지 못하고, 전반적으로 민중의 수준 역시 미치지 못하는 것을 안타깝게 여기고 있었다. 1906년 10월 10일 박은식 등 평안도·황해도 출신 인사들이 중심이 되어 서우학회를 조직하자, 10월 29일 국민교육회 회장직을 수행하고 있던 이준은 독립협회 이후 보안회·국민교육회·상동청년회 등에서 같이 활동한 함경도 단천 출신인 이동휘와 이용익의 아들 이종호, 그리고 이용익과 관련을 맺던 오상규·유진호 등과 뜻을 같이하여 함경도경약소를 사무소로 정하고 한북흥학회를 발기하였다.

한북흥학회나 서북학회가 다 같이 '학회'라는 명칭을 붙인 것은, 당시 통감부의 감시와 통제 하에서 정치활동을 표면에 내세울 수 없기 때문이었다. 이들 단체는 교육운동을 표방하는 비정치적 단체로 내세웠지만, 실상 한북흥학회·서북학회는 민력의 양성을 통한 국권의 회복과 민권의 신장을 목표로 한 정치·사회단체였다. 이준은 그러한 한북흥학회의 취지와 강령을 다음과 같이 설명하였다.

> 지금 우리가 한북흥학회를 조직함은 국민교육회의 설립과는 전연 다른 바가 있다. 국민교육회는 전국 국민의 문명퇴치가 그 본령이오, 이 한북흥학회는 함경도의 유위有爲의 청소년으로서 승당陞堂과 입실入室의 대지大志를 포회抱懷하고 또는 장래 국가의 유용한 동량의 임무에 진용進用되겠다는 청운의 뜻을 품고 고향을 떠나 경성으로 유학오는 소위 유경학생留京學生을 위하여 그들을 지도하고 그들을 이끌어주고 그들을 편달하고 그들 가운데서 가장 천분이 높으나 학자學資가 없어 길거리에서 방황하는 학생이 있다하면 이를 도와줘 우리 국가가 요구하는 인재를 양성 계발함에 있는 것이다.

한북흥학회는 국권을 회복하고 민권을 신장하는 데 궁극 목표를 두고, 민지 개발을 통한 실력의 양성과 단합을 당면과제로 삼았다.

11월 4일 한북흥학회는 제1회 통상회를 개최하여 임원을 선출하였는데, 회장에 오상규가, 부회장에 주우가 선출되었으며, 이준은 이동휘·

설태희·이종호 등과 더불어 평의원에 임명되었다. 이때 200여 원의 기부금이 모아지기도 하였다. 그런데 한북흥학회가 설립될 수 있었던 것은 함경도 출신인 이용익의 적극적인 지원에서 가능하였다. 이용익은 프랑스에 머물고 있었기 때문에 이에 직접 관여하지 못하였으나, 그의 손자 이종호가 실질적으로 한북흥학회의 재정을 담당하였다.

이러한 재정적인 지원에 힘입어 한북흥학회는 중앙뿐만 아니라 관북지방에 지회를 설치해 중앙회의 지도 아래 각 지역의 활동을 지원할 수 있었다. 회원 자격은 함경도민으로서 국권회복을 염원하여 계몽운동에 참여하고자 하는 사람에게 주어졌다. 회원의 사회적 신분은 주로 신흥 시민층·신지식층·중하급관료 등이었다. 활동은 구국운동·계몽강연·토론운동·청년운동 등으로 전개되었다.

이와 같은 교육구국운동으로 함경도에 다수의 사립학교가 설립되고 구국을 위해 투쟁하는 국권회복 운동가들이 많이 배출되었다. 특히 이준은 계몽강연·토론활동을 통해 일반 민중을 계몽하고 민지를 개발하여 애국심을 고취시키는데 노력하였다. 그 뒤 한북흥학회는 1908년 1월 서우학회와 통합해 서북학회로 개편되었다.

은사안恩賜案 성책문제로 체포되다

이준이 검사직에 임명된 지 6개월 여가 지났을 때, 1907년 1월 27일 고종 황제는 황태자비관례를 치르기에 앞서 덕수궁 중화전에 관리들의 축하를 받은 뒤 은사령을 반포하였다. 황태자비관례는 1904년 11월 황태자비 민씨가 죽고 난 뒤에, 1906년 12월 31일 총판 윤택영 딸을 새로운 태자비로 맞이한 것이었다.

　은사안을 작성하는 것은 검사의 직권에 속하는 것이었기 때문에, 이준은 이를 만들어 법부에 보냈다. 이때 이준은 은사안에 을사늑약 체결에 관여한 을사5적 대신들을 처단하려다 체포되어 복역 중인 김인식·나인영·오기호·기산도 등을 포함시켰다. 특히 나인영·오기호 등은 이준과 헌정연구회에서 같이 활동하던 인물이기도 하였다.

　그런데 법부대신 이하영, 형사국장 김낙헌, 문서과장 이종협 등은 평리원 재판장 이윤용과 함께 이준이 올린 은사안을 살핀 뒤, 2월 7일 기산도·김인식·나인영 등을 은사 대상에서 삭제하고 사면의 대상이 될 수 없는 자들을 마음대로 포함시켰다. 특히 법부대신을 지낸 무고죄인 이유인은 중범으로 수감되어 있었는데, 형사국장 김낙헌이 죄수들의 석방과 구속을 마음대로 조종하면서 이유인을 석방하였던 것이다. 또한 이유인은 이준이 공진회 회장으로 활동할 당시 전격적으로 체포하여 평리원에 이송한 인물이기도 하였다.

　이에 이준은 법부에 은사전의 불공평성을 시정해 줄 것을 청원하였다. 하지만 법부의 문서를 담당하던 이종협이 이를 접수하지 않고 반려하자, 이준은 법부대신 이하영과 법부협판 이원긍 등에게 이를 강력 항의하였다. 한편 이준은 형사국장 김낙헌의 집행행정이 공평하지 못하다는 이유를 들어 그를 법부에 고소하였지만, 이를 접수하지 않자 다시 청원서를 작성하여 이하영에게 제출하였다. 당시 청원서 내용은 다음과 같다.

형사국장 김낙헌이 은사안을 임의로 수정하였고 문서과장 이종협은 본인이 제출한 청원서를 평리원 검사 이건호 에게 반려하면서 이준은 범법자이므로 그를 조사, 변리하라 하였으니 이는 법에서 허하지 않는 일을 행하여 직권을 남용한 것이며, 본원 수반 검사 이건호는 단지 문서과장의 통첩으로 통료를 구속하였으니, 위의 세 사람을 구속·징판할 것을 청원한다.

이와 같이 이준은 은사안 성책 문제가 잘못되었음을 굽히지 않고 그 부당함을 계속 논박하자, 법부 참서관 이종협은 관인으로서 이러한 행동은 법에 어긋나는 것이라며, 평리원 검사 정석규에게 이준을 기소토록 하였다. 2월 19일 평리원으로 끌려간 이준은 같이 검사직에 있었던 이건호 판사에게 재판을 받게 되었다. 그러나 이준은 법부대신의 훈지가 없고 단지 과장의 문서 하나로 검사를 끌고와서 재판하는 법은 어디에도 없다며 부당함을 논하였다. 이에 이건호 판사는 우리에게는 심문권이 있고 너는 피고소인이기 때문에 재판에 응할 것을 종용하였다. 이준은 법률상 죄인을 심문하는 법리를 잘 모르면서 어찌 법관이라고 할 수 있느냐며 힐박하였다. 이를 지켜보고 있던 평리원 재판장 이윤용이 이준을 감옥에 넣으라고 하자, 이준은 재판장에 대해 나를 감옥에 가두는 죄가 뭐냐고 따지면서, 무슨 법적인 근거로 그러느냐고 타당한 근거를 대라고 하자, 판사와 재판장은 아무런 말도 하지 못하고 나가버렸다.

이 사실이 《대한매일신보》에 보도되면서 사회 여론이 비등해졌는데, 특히 대한자강회는 법부와 평리원에 대하여 이준의 구속 이유를 질의하였으며, 모든 신문들은 붓을 들어 그 부당함을 공격하였다. 결국 법부는 사회여론에 밀려 이준을 법률적인 근거 없이 구속할 수가 없어 간수방에서 하룻 밤을 재운 뒤 그 다음 날 보석으로 풀어줬다.

이준의 변호를 담당했던 이면우

그런데 돌연 평리원에서는 이준사건에 대해, 피고인이 출석하지 않은 상태에서 판결을 내리는, 결석재판으로 치르기로 결정하였다. 이준은 결석재판의 부당성을 비판하였다. 즉 결석재판은 피고가 도망하여 종적을 알지 못하는 경우에는 1주일이나 2주일을 기다렸다가 돌아오지 않으면, 이를 광고에 게시한 후에 이뤄져야 함에도 불구하고, 본인이 신병이 있어 몇 일 재판을 연기하자고 하였는데 이를 인정하지 않고 결석재판을 한다는 것은 피고인을 강제위협하는 것이라며 강하게 반박하였던 것이다.

결국 평리원은 이준의 논박을 인정할 수밖에 없어, 이준 사건을 공개재판으로 진행한다고 밝혔지만, 재판 하루 전날인 2월 25일에 평리원 검사가 이준에게 2월 25일에 태 1백에 처한다며 일방적으로 기소하였다. 이에 대한자강회·헌정연구회·서북학회·국민교육회 등 각계의 대표들은 법부와 평리원의 공정하지 못한 법의 운영을 비판하는 성토대회를 열었다. 그 다음 날 어수선한 분위기 속에서 2월 26일 변호사 이면우李冕宇의 변론으로 평리원에서 첫 공판이 열렸다. 이면우는 1899년 일본 동경법학원대학 법률학을 졸업한 뒤 귀국하여, 1902년 농상공부임시박람

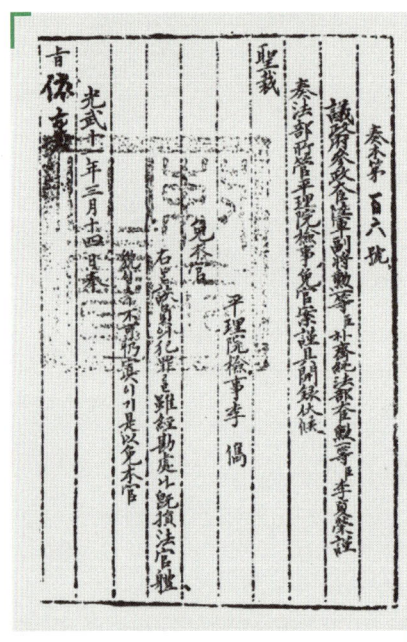
평리원 검사 이준을 면본관시킨다는 공문서

회사무소 주사, 1904년 한성재판소 검사를 거쳐, 1905년 법관양성소장을 지냈으며, 1906년 우리나라 최초의 변호사로 기록된 인물이기도 하다. 훗날 이면우는 이완용을 처단하려다 실패한 이재명 의사의 변론을 맡기도 하였다.

이준은 재판정에서 검사가 구형한 태 1백을 근거 없는 법률이라며 불복할 뜻을 격렬히 내비쳤고, 이면우 또한 검사의 조치가 십분 무리하다며 부당함을 논박하였다. 일반 방청인들도 검사의 처사에 불만을 품고 법원 관인들을 비난하면서, 만일 공평한 처치가 없으면 언제까지든지 법원 내에서 풍찬노숙할지라도 해산치 아니하겠다고 항변하였다. 이에 법정은 몹시 혼란스러워 재판을 오후 7시까지 미뤘지만 결국 더 이상 진행되지 못하였다. 더욱이 방청객들은 이준을 옹호하면서 동요를 일으킬 기세를 보이기도 하였다.

이렇듯 이준사건에 대한 재판이 사회의 집중적인 조명을 받았을 뿐만 아니라 사회문제화 되자, 재판장 이윤용은 2월 28일 개최하려던 재판을 연기하더니 돌연 사직소를 제출하였다. 이에 재판부는 재판정을 혼란을 막기 위해 일반인들의 방청을 금하는 대신에 각 사회단체에 인원을 균등하게 정하여 입장시키기로 하였다.

그 뒤 3월 2일 재판이 속계되었다. 이날 이준은 일본 순사에 포박된 채 법정에 들어왔다. 그리고 일반 방청인의 출입을 통제한 채, 대한자강회·일진회·국민교육회 일부 인사들만이 제한적으로 출입이 허가되었다. 일본 군경과 한국 순사 80여 명이 삼엄하게 지켜선 가운데 비밀히 재판이 개정되고, 이준은 태형 100대를 최종 선고 받았다.

그런데 당시 법률에 의하면 법관으로서 태형 70 이상의 형을 받을 경우에는 관직에서 파면되도록 되어 있었다. 때문에 재판 결과를 보고받은 고종 황제는 이준의 형벌을 3등 감하여 태형 70대로 하라는 분부를 내렸다. 고종 황제는 이준의 강직함을 미덥게 생각하여, 그를 법관으로 계속 눌러 앉히고 싶었던 것이다.

사태가 이렇게 전개되자, 법안연구회는 법부와 의정부에 법부대신 이하영의 사퇴를 권고하는 문서를 보내면서 이준을 지원, 옹호하였다.

법안연구회는 이준을 비롯한 여러 인사들이 모여 당시 법정法政이며 법령의 안건이 민족과 국가의 발전을 위해 제대로 운영, 제정되게 하기 위해 조직된 기구이다. 이준은 법안연구회 회장직을 수행하며, 실지 법안의 연구비평이며 장래에 응시應施할 법안을 깊이 있게 토의하며 짧은 기간에 많은 활동을 전개하고 있었다.

이로 인해 법부대신 이하영은 당분간 법부에 출석하지 못하였으며, 이준은 석방된 뒤 다시 평리원 검사로 근무하게 되었다. 그런데 이를 못마땅하게 여긴 이하영은 갖은 수단을 동원해 이준을 괴롭히다가 3월

14일자로 결국 파면시키고 말았다.

국채보상운동을 전개하다

이준은 평리원 검사직을 떠난 후, 대한자강회의 평의원으로 활동을 재개하는 한편 전국적으로 전개되던 국채보상운동에도 적극 참여하였다.

국채보상운동은 1907년 2월 나라의 빚 때문에 국권을 상실할 위기에 처하자, 이를 국민이 갚아 국권을 지키고자 전개되었다. 범국민적으로 전개된 국채보상운동의 전개 과정을 잠시 살펴보면 다음과 같다.

한국이 일본에 국채로 빌어 쓴 돈이 적지 않았다. 한국은 1894년 청일전쟁 당시부터 일본으로부터 차관을 들여왔는데, 이때 두 차례에 걸쳐 각 30만 원과 3백만 원을 들여왔다. 그리고 1904년 제1차 한일협약 이후 일제는 노골적으로 차관을 들여왔는데, 이는 일제가 한국의 재정을 일본 재정에 완전히 예속시키려 한 것이며, 차관으로 식민지 건설을 위한 정지 작업을 하고자 한 것이다. 이를 위해 한국에 재정 고문으로 부임한 메카타目賀田種太郎는 1905년부터 1906년까지 무두 네 차례에 걸쳐 1,150만 원의 차관을 일본으로부터 들여왔다.

제1차는 1905년 1월 '폐정리자금채'라는 명목으로 해관세를 담보로 3백만 원을 빌려왔고, 제2차는 1905년 6월 한국정부의 부채 정리와 재정 융통에 필요한 자금이라는 명목으로 한국의 국고금을 담보로 2백만 원을 들여왔다. 제3차는 1905년 12월 우리나라의 토착 자본을 일본 자금에 예속시킬 목적으로 금융자금채 150만원을 들여왔다. 제4차는

1906년 3월 기업자금채의 명목으로 5백만 원을 들여왔다.

  이러한 일본측의 차관 공세는 한국정부와 민간의 경제적 독립을 근본적으로 위협하는 것이었다. 이에 1907년 2월 중순, 대구의 광문사 사장 김광제와 부사장 서상돈 등이 금연을 통해 국채를 갚아 나가자는 국채보상운동을 제창하였던 것이다. 당시 광문사는 지식인과 민족 자산가들의 재원으로 운영되는 출판사로 실학자들의 저술을 편찬하거나 신학문을 도입하여 민족의 자강 의식을 고취하고자 하였다. 또 서상돈은 일찍이 독립협회 회원과 만민공동회 간부로서 자주독립 운동에 참여해 온 인사였다.

국채보상운동을 발기한 김광제와 서상돈

  김광제·서상돈은 1907년 2월 21일자 《대한매일신보》에 "국채 1천 3백만 원은 바로 우리 대한제국의 존망에 직결되는 것으로 갚지 못하면 나라가 망할 것인데, 국고로는 해결할 도리가 없으므로 2천만 인민들이 3개월 동안 금연하고 그 대금으로 국고를 갚아 국가의 위기를 구하자"고 발기 취지를 밝힌 뒤, 대동광문회에 민의소, 즉 단연회斷煙會를 설립하고 직접 모금 운동에 나섰다. 이 소식은 《대한매일신보》·《제국신문》·《만세보》·《황성신문》 등 각 신문에 보도되자 각계 각층의 호응이 거세게 이어졌다.

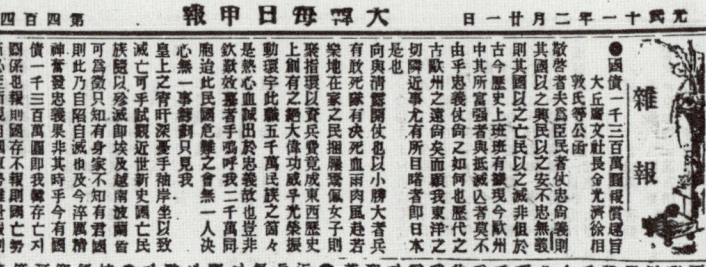

국채보상운동 취지문(《대한매일신보》 1907년 2월 21일자)

서울에서는 2월 22일 김성희 등이 국채보상기성회를 설립하고 양기탁이 지은 취지서를 발표하는 등 본격적인 운동 채비를 갖추었으며, 모금을 위한 모금처를 서점·약국·대한매일신보사·잡지사 등으로 정하였다. 그리고 장지연이 《황성신문》에 〈단연보국채〉라는 사설을 실어 전 국민의 충애심을 비등케 하였다. 그 결과 '국채보상'의 이름을 붙인 국채보상운동단체가 전국적으로 20여 개에 달하였다. 그런데 이들 단체들은 대개 국채보상을 위한 계몽적 활동을 펼치거나 직접 모금 운동을 하는 실천적 활동을 보여줬다.

이렇듯 국채보상운동이 전국에 걸쳐 각계각층의 적극적인 호응과 참여 속에서 전개되자, 고종 황제도 단연의 뜻을 밝히며 동참하였다. 이에 소극적 자세로 일관하던 고급 관료들도 마지못해 모금 운동에 참여하기도 하였다. 역시 운동에 가장 적극적으로 참여한 것은 민족 자본가와 지식인층이었다. 상인들은 일본 차관과 직접적인 이해 관계가 있는 당사자들이었기 때문에 인천·부산·원산·평양 등지에서 상업회의소 설치하는 등 보다 적극적인 활동을 전개하였다. 지식인들은 각종 단체·학회·학교·언론기관 등을 중심으로 계몽활동을 적극 펼쳐나갔다. 그런데 이 운동에는 신지식인뿐만 아니라 유림과 전·현직 하급관리들도 각 지방에서 상민층과 함께 적극 참여하였다. 또한 이 운동에서 특기할 만한 것은 많은 부녀 층이 참여하여 각종 패물을 의연소에 보내 온 점이다. 그리고 노동자·인력거꾼·기생·백정 등 하층민들까지도 적극 참여하여 이 운동은 그야말로 범국민적 운동으로 전개되어 나갔다.

국채보상연합회의소를 이끌다

이준은 공개재판에 관련된 사건이 일단락되자, 부인 이일정 여사와 같이 국채보상운동에 헌신하기로 작정하였다. 그리고 이준은 친구인 전평리원 판사 김규홍을 찾아가 각기 부인들로 하여금 국채보상운동에 적극 동참하도록 하자는데 의견을 같이하였다. 이에 이준은 우선 서울 남북촌 몇 명의 부인들에게 국채보상부인회를 조직케 하고 사무소를 대안동 44호 4호 김규홍의 집으로 정하였다. 이에 이준은 국채보상부인회에서 국채보상 취지와 겸하여 강연을 하는 등 운동을 고조시켜 나갔다.

그런데 국채보상기성회가 각지에서 일어났지만, 이를 통일적으로 관리할 기구가 없어 여러 문제점들이 불거져 나오기 시작하였다. 이에 김광제·이면우·박용규·이종일·서병규 등은 국채보상지원금총합소(이하 지원금총합소)를 설치하자는 의견을 모았다. 이에 맞는 규정을 만들고 이를 대내외에 알리는 한편 임시총회소사무소를 대한매일신보사 내에 두고 활동을 개시해 나갔다.

먼저 지원금총합소 소장으로 의정부 참정대신으로 1905년 11월 일제에 의해 강제체결된 을사늑약을 반대하다가 파면된 한규설을 임명하였다. 당대의 명망가를 임원으로 선출하여 지원금총합소의 의연금 수합과 관리에 만전을 기해 국채보상운동의 구심체로 역할을 수행하고자 한 것이었다. 그러나 한규설이 소장에 취임하지 않는 등 어려움이 뒤따랐다.

이준 등은 1907년 4월 1일 국채보상기성회 사무소가 있는 전동의 보성관에서 국채보상 전국연합운동의 제1회 임시회합을 가졌다. 이날 참석한 각 분야별 주요인사는 다음과 같다.

관리측: 민영소·서정순·이도재·이종호

사회계: 이준·이상재·박은식·이동휘·안창호·이면우·서병규·박용규·김광제·이갑·정순만·전덕기·이현석·김인식·오영근·양한묵·김규홍·전봉훈·한정하·김형배·이인재·김균석·김태규·김시봉·김윤영·김창열·정항모·이만섭·정운복

언론계: 장지연·남궁훈·나수연·남궁억·양기탁·이종일·현채

이날 임시회합에서 의장에 전덕기의 동의에 김광제의 재청으로 만장일치로 이도재가 선임되었다. 그리고 국채보상운동의 연합통일의 문제를 주제로 토의한 결과 각지각처에 산재되어 있는 국채보상회를 통솔하는 기구를 두기로 결정하고 산회하였다. 그 다음 날 두 번째 회합을 가진 뒤, 구체적으로 통솔 기구를 어떻게 조직하고 운영해 나갈지를 모색하였다. 이때 이준의 제의로 명칭을 국채보상연합회의소(이하 연합회의소)로 바꾸고 나름의 운영방안을 강구해 나갔다. 이때 연합회의소 고문에 이도재, 이준이 초대 소장으로 선출하고, 도총무 장지연, 총무 양기탁·안창호·이동휘, 부총무 김광제, 평의장 박은식, 부평의장 이갑, 간사 이종일·박용규·양한문·서병규·이면우·김인식 등이 맡기로 하였다. 그리고 이준은 순한글로 국채보상연합회의소 취지서를 작성하여 발표하였다. 그 내용은 다음과 같다.

　대저 빚이 있으면 반드시 갚는 것은 사람마다 일반이거늘 하물며 국가리요. 그러므로 국채보상하는 의무가 경향 각발기소취서에 이미 다 말씀하였거니와 이제 연합회의소를 불기불 설치함은 다름아니라 대저 국채를 상환함은 국민의 일대 의무라 경향 각 지방의 인심이 동하여 다소간 의무금을 구취하오니 대한이 다시 흥복함을 바라거니와 다만 중대한 일을 용이히 의론키 어려운지라 돈거두는 규모와 돈임치하는 방법을 만일 일정한 규칙이 없으면 반드시 한가지 일에 사람마다 현행하는 방침이 달라서 이같이 좋은 의무도 만일 재정에 충절이 있으면 보상하는 날의 결과를 잘못하면 어찌 우리 동포가 능욕을 면하리요. 그런고로 각발기하신이와 유지하신 각단체를 연합하와 좋은 규칙을 의정하여 서로 실지에 나가 기어코 목적에 도달하옵기가 곳 본소의 취지오니 복원첨원은 부량하옵서 동정을 표하며 의무를 완전케 하심을 천만천만

광무 십일년(1907) 사월 사일
국채보상연합회의소장   이 준

그 결과 국채보상금 수합기구가 지원금총합소와 연합회의소로 이원화되고 말았다. 지원금총합소는 국채보상운동이 상당히 진척된 뒤, 의연금 총괄관리의 필요성이 제기되어 처음부터 전국조직으로 발기한 반면에, 연합회의소는 국채보상기성회로 발기하였으나 전국에서 의연금을 송금해 오고 중앙조직으로 인정함에 따라 뒤늦게 만들어진 것이었다. 이에 범국민운동인 국채보상운동이 두 단체로 이원화되는 것은 바람직하지 못하고 분열을 초래할 수 있다는 여론이 제기되면서 그 해결책을 모색하기로 하였다.

연합회의소 측에서는 총무 김광제와 지원금총합소 측에서는 검사원 이강호를 대표로 하여 협의를 가진 뒤, 연합회의소에서는 국채보상운동의 지도·권장 업무만 총괄하고 지원금총합소는 의연금을 수합·관리하자는데 의견 일치를 보았다. 그 뒤 경향각지에서 올라오는 성금을 수합하는 절차의 사무를 진행해 나갔다. 이때부터 국채보상운동은 활발하게 전개되었다.

이준이 만국평화회의 특사로 파견되면서, 연합회의소 임원이 교체되기도 하였지만, 국채보상운동은 1907년 4월부터 12월까지 꾸준히 전개

되었다. 그러나 1908년에 들어서면서 일제의 탄압과 운동주체 역량의 부족으로 인해 점차 쇠퇴하기 시작하였다. 당시 국채보상운동을 주도한 모임은 국채보상기성회이고, 주 활동언론사는 대한매일신보로 그 중심체는 양기탁과 베델Bethell, E.T이었는데, 통감부는 1907년 이후 베델을 국외로 추방하는 공작을 펴는 한편, 1908년 7월 "대한매일신보가 보관한 국채보상금을 베델, 양기탁 두 사람이 마음대로 하여 3만 원을 소비하였다"고 거짓 주장하면서 양기탁을 구속해 버렸다. 이른바 '국채보상금소비사건'을 조작한 것이다.

통감부의 공작에 따라 전 국채보상지원금 총합소 소장이었던 윤웅렬은 "보상금 중 삼만 원을 영국인 베델이 사취하였으므로 그 반환을 요청한다."는 반환청구서를 제출하였다. 그리고 일제는 이를 근거로 운동의 지도자들에 대한 불신감을 민중들에게 심어주었다. 다행히 양기탁은 공개재판 결과 증거 불충분으로 무죄를 선고받았지만, 국채보상운동을 더 이상 이어갈 수가 없게 되고 말았다.

헤이그 만국평화회의
특사로 나가다

고종 황제, 제2차 만국평화회의에 특사 파견을 계획하다

1906년 2월에 들어서면서 8월에 제2차 만국평화회의가 개최될 것이라는 얘기가 심심찮게 흘러나오기 시작하였다. 당시 러시아는 포츠머스조약에 의해 러일전쟁이 일단락되자, 제2차 만국평화회의를 개최하여 제1차 때 성사시키지 못했던 군비확장에 대한 문제를 다시금 논의하고자 하였다.

제1차 만국평화회의는 당시 러시아 황제 니콜라이 2세가 "세계 만국이 전쟁으로 인한 재앙에서 보호되려면, 군비 확장을 제한해야 한다"며 회의를 제안하면서 비롯되었다. 그 결과 제1차 만국평화회의는 26개국이 참가한 가운데, 네덜란드의 헤이그에서 1899년 5월 18일부터 7월 29일까지 열렸다. 이때 만국평화회의 주목적인 군비축소를 실현하는

데는 실패했지만, 교전상태의 조건 및 육전과 해전에 관한 그 밖의 관례를 정의하는 협정들을 채택되었다. 뿐만 아니라 질식 가스의 사용 금지, 명중하면 퍼지는 탄환(덤덤탄)의 사용 금지, 기구로부터의 투사물이나 폭탄 투하의 금지 등의 선언이 채택되었다. 마지막으로 가장 중요한 성과는 '국제분쟁의 평화적 해결에 관한 조약'이 채택되어 상설 중재재판소가 설치되었다.

고종 황제의 최측근이었던 이용익

1906년 4월 러시아의 니콜라이 2세가 고종 황제 앞으로 극비리에 8월에 개최 예정인 제2차 만국평화회의 초청장을 보내왔다. 러시아는 포츠머스 강화조약에서 일제에 대한제국에 대한 우월권을 승인하였지만, 일제에 의해 강요된 을사늑약이나 보호권 확립을 인정하지 않고 있었다. 이러한 러시아의 입장을 알고 있던 고종 황제는 일제에 의해 강제로 체결된 을사늑약의 부당성을 국제여론에 호소하고 중재재판소에 제소하면 일제에게 탈취당한 주권을 회복할 수 있을 것이라는 기대를 갖게 되었다.

고종 황제는 중국 상하이로 망명해 있던 이용익에게 급히 연락하여 제2차 만국평화회의에 특사 자격으로 참석토록 지시하였다. 당시 이용익은 1904년 2월 러일전쟁이 발발하자 한국을 떠나 상해에 머물고 있던 전 러시아공사 파블로프Alexander I. Pavlov와 제2차 만국평화회의에 관한 의견을 나누며 그 준비에 들어갔다.

만국평화회의를 제창한
러시아 황제 니콜라이2세

이용익과 파블로프의 관계는 1904년 러일전쟁 전후로 거슬러 올라간다. 당시 이 둘은 조선에 엄정중립을 주장하였다. 이에 이용익은 전쟁 중 일본으로 압송되어 온갖 회유정책을 받았으며, 파블로프는 상해로 추방되었다. 이때 이용익은 일본의 개화 문물에 접하고, 많은 도서와 인쇄기를 구입하여 귀국하였다. 그리고 민족의 역량을 길러내고자 보성소학교와 중학 그리고 보성전문학교를 설립하였으며, 편집소 보성관과 인쇄소 보성사 등을 설치하여 민족계몽에 기여하기도 하였다.

1905년 2월 러일전쟁이 개전된 지 1년이 되었을 무렵, 이용익이 작성한 고종 황제의 밀서가 상하이에 있던 파블로프를 통해 러시아 황제에게 전해졌다. 그 밀서에는 러일전쟁 1년이 지난 지금 일본이 한국의 군사권·재정권·인사권 등을 장악하여 한국의 주권을 횡탈하고 있으니, 러시아가 이를 세계 각국에 알려 일본을 한국에서 몰아내 줄 것을 황제에게 호소하는 내용이었다.

그 뒤 이용익은 미국에서 포츠머스 강화회의가 열리고 있던 1905년 8월 17일 육군부장이라는 직명으로 고종 황제의 밀명을 받고, 프랑스의 비자를 소지하여 7명의 일행과 함께 인천에서 중국인의 목선을 타고 위해위를 거쳐 상해로 잠입하고자 하였다. 이 때 이용익은 포츠머스 강화회의에서 한국의 독립이 보장될 수 있도록 프랑스를 비롯한 유럽제국에

로비를 펼치고자 한 것으로 생각된다. 그런데 고종 황제나 이용익이 프랑스를 교섭의 대상으로 삼은 것은 러시아와 프랑스가 동맹관계에 있었고, 러시아와 일본 사이에서 프랑스가 제3국의 역할을 해줄 것을 기대하고 있었기 때문이었다.

그러나 1905년 9월 이용익 일행은 프랑스 파리로 출발하였으나, 불행이도 이들이 탄 배가 풍랑을 만나 산동성 연대항에 임시 정박할 수밖에 없었다. 이 때 일본 영사에 발견되었으며 주한공사 하야시에게 즉시 이런 사실이 통보되었다. 이에 당황한 하야시는 상하이 일본영사관에 긴급 연락하여 이용익을 감시토록 지령하는 한편, 이용익이 프랑스 비자를 휴대하고 상해로 간 것이 불법이라며, 고종 황제에게 압력을 행사하여 이용익의 '프랑스 방문은 단순한 개인의 여행에 지나지 않는다.'라는 내용의 전문을 주한 프랑스공사와 주독 한국공사 및 주프랑스 한국공사에게 통보토록 하였으며, 결국 고종 황제는 이용익을 육군부장에서 면직하고 외교관 자격을 박탈하고 말았다.

주러시아대사 이범진

프랑스에서 소기의 목적을 수행하지 못한 이용익은 11월 27일 페테르부르크로 가서 전 주러대사 이범진을 통해, 러시아 외상 람스돌프 등을 만나 구국활동을 전개하고자 하였다. 그러나 이미 러시아와 일본간의 포츠머스 강화조약이 성립된 뒤였을 뿐만 아니라 제1차 러시아혁명으로 말미암아 기대했던 차르체제 자체가 동요하기 시작하였기 때문에 러시아와의 교섭으로 한국의 독립을 보장받는 다는 것은 실효성 없는 것이 되고 말았다.

주러공사 이범진은 아관파천 당시 김홍집 등을 몰아내고 친러내각을 성립시키고 법부대신에 올랐던 인물이지만, 고종 황제가 환궁한 뒤에 주미공사로 가서 외교에 노력하기도 하였다. 그 뒤 주러공사로 있던 민영환이 귀국하게 되면서, 1900년 주러공사로 전임되어 독일·오스트리아·프랑스 공사를 겸임하고 있었다. 그런데 이범진이 주러공사로 있을 때, 러시아의 용암포 조차 요구에 대한제국정부가 승인한다는 문서를 보내오자, 이를 강경하게 반대하던 이범진이 그 공문을 러시아정부에 전달하지 않아 파면되기도 하였다. 이후 이범진은 주러공사로 복직되었으나 을사늑약으로 외교권이 상실되어 소환명령을 받게 되었다. 그러나 이범진은 귀국을 거부한 채 아들 이위종과 함께 페테르부르크에 계속 머무르게 되었다.

이용익은 당분간 페테르부르크에서 머물면서 이범진의 아들 이위종과 가깝게 지내면서 러시아 생활을 익혀나가던 차에, 1906년 1월 12일 러시아 유학생이자 사업가인 김현토로부터 암살당할 위기에 처하기도 하였다. 다행히 위기를 모면한 이용익은 3월 상해로 다시 돌아왔고, 이때 고종 황제로부터 제2차 만국평화회의 특사 자격의 임무를 부여 받게 되어 뒤 블라디보스토크로 건너갔다. 그곳에서 이용익은 고종 황제가 보낸 이상설을 기다리며 특사 활동을 준비하였다.

이상설, 블라디보스토크로 건너가다

고종 황제는 이용익에게 제2차 만국평화회의 특사로 임명하는 한편, 의정부 참찬을 지낸 이상설을 별입시로 만나, 특사 자금을 건네며 블라디보스토크에 머물고 있는 이용익과 함께 네덜란드에서 개최 예정인 만국평화회의에 특사로 참석하도록 지시하였다. 별입시는 고종 황제를 수시로 언제든지 만날 수 있는 일종의 특권이 주어진 것으로 아무나 부여 받는 것은 아니었다. 관직에 있는 동안 고종 황제로부터 두터운 신임을 받았던 이상설이었기 때문에 가능한 일이었다.

이상설은 1893년 25세 때 문과에 급제하면서 관직에 나가기 시작하였다. 먼저 세자에게 경서를 강의하는 시독관과 왕명의 출납과 기록을 담당하던 비서감의 좌비서랑에 제수되는 등 고종을 옆에서 모시게 되면서 신임을 얻었다. 그 뒤 1896년에 성균관 교수 겸 관장을 거쳐 한성사범학교 교관에 임명되었는데, 이 무렵 헐버트와 친교를 맺어 영어·프랑스어 등 외국어와 신문학을 공부하기도 하였다.

그 뒤 이상설은 관직에 오른 지 10년도 안 돼, 종 2품에 해당하는 궁내부 특진관으로 임명되어 왕실사무에 대한 왕의 자문에 응하였다. 1904년 10월에는 법부의 형법을 교정하는 일을 맡기도 하였으며, 관제교정소 의정관으로 활동하기도 하였다. 한편 이상설은 1904년 일본인이 전국 황무지개척권을 요구하자 그 침략성과 부당성을 들어 이를 반대하는 상소를 올리는 한편, 보안회의 후신인 대한협동회를 이준 등과 같이 반대운동을 전개하기도 하였다.

만국평화회의 특사로 파견된 이상설

이상설은 1905년 11월 이완용·박제순 등 5적의 찬성으로 을사늑약이 강제 체결될 당시, 대신회의의 실무 책임자인 참찬이었지만 일본의 제지로 참석하지 못하였다. 이에 이상설은 을사조약이 고종의 인준을 거치지 않은 사실을 알고, 고종 황제에게 5적을 처단하고, 을사늑약을 파기해야 한다고 주장하기도 하였다. 그러나 이상설은 을사늑약이 끝내 체결되고, 조병세·민영환·심상훈 등 원로대신들에게 반대 상소와 복합항쟁을 벌이도록 주선하였으나, 여의치 않자 사직하고 말았다.

그리고 같은 해 11월 말 이상설은 민영환이 자결하였다는 소식을 듣고 종로에 운집한 시민에게 울면서 민족항쟁을 촉구하는 연설을 한 뒤 자결을 시도했으나 실패하였다. 그 뒤 이상설은 국권회복운동에 매진하다가, 고종 황제의 부름을 받고 별입시하여, 헤이그 만국평화회의 특사의 밀명을 받았던 것이다.

그 뒤 이상설은 1906년 5월경 이동녕·정순만 등과 함께 인천에서 중국 상선으로 상해로 건너갔다. 상해로 건너간 것은, 전 러시아공사 파블로프를 만나 만국평화회의에 대한 얘기를 나눈 뒤, 육로를 이용하여 블라디보스토크로 향하고자 하였기 때문이다.

몇 일을 걸려 어렵게 블라디보스토크를 찾아가 이용익을 만났으나, 그만 1906년 8월 열기로 했던 제2차 만국평화회의가 독일·오스트리아의 참가 거부로 취소되고 말았다는 소식을 접하게 되었다. 이들은 훗날을 기약할 수밖에 없었다. 이용익은 블라디보스토크에 머물렀지만, 이상설 등은 한인들이 많이 이주하여 사는 연길현 용정촌에 들어가 자리를 잡았다. 그리고 1906년 8월 경 이상설은 이들과 함께 용정에 도착하자마자 그곳에서 가장 큰, 천주교 회장 최병익의 집을 사들여 학교 건물로 개수하여 서전서숙을 설립하였다. 이상설이 숙장을 맡고, 이동명과 정순만이 운영하였으며, 교원의 봉급, 교자, 지필묵 등의 모든 경비는 이상설이 부담하였다. 이상설은 이곳에서 이동녕 등과 역사·지리·수학·국제법·정치학 등의 신학문과 민족교육을 실시하였다.

고종 황제, 만국평화회의 특사를 파견하다

제2차 만국평화회의 개최를 즈음해서, 고종 황제는 1906년 6월 22일 헐버트에게 대한제국 황실과 정부와 관련된 모든 일을 영국·프랑스·독일·러시아·오스트리아·헝가리·이탈리아·벨기에·청국 등 각국과 의논하도록 하는 위임장을 건내주는 한편, 각국에 고종의 친서를 전달토록 하였다. 당시 고종 황제는 헐버트를 통해 일제의 을사늑약이 강제로 이뤄졌다는 점을 세계 열강에 알려 대한제국을 보위하고자 한 것이다. 그 내용은 다음과 같다.

朕大韓皇帝陛下以約法另定特別委員委任以
我韓帝國皇室與政府昨關一切事而使之前往英法
德俄墺義此淸等各國也須將此賫送親書確呈于以各
國皇帝大統領大君主陛下且以現今我韓帝國諸般苦難事
狀之未盡於親書中者一々仰陳于以上各國政府而
亦將此事件前往荷蘭國海牙府要請萬國公判
昭之公正辦理欽遵施行者

大韓開國五百十五年六月二十二日

一千九百六年六月二十二日

在漢城

(Translation)

By virtue of the power vested in us as the Emperor of Korea and in accordance with the right granted us in the treaties between Korea and the various friendly Powers, we hereby constitute and appoint Homer B. Hulbert as our special Envoy to the Governments of The United States, Great Britain, France, Germany, Russia, Austria-Hungary, Italy, Belgium and China; and we hereby delegate to him full authority to represent our interests and those of the Korean Empire at the seat of each of these governments.
In consequence with this we have instructed him to deliver to each of these Governments a document relative to the present political situation in Korea and to take such steps as may lead to the peaceful settlement of the difficulties which have arisen between our Government and that of Japan.
We hereby give him special authority to secure the adjustment of the matter before the Peace Conference at The Hague.
In witness whereof we hereto affix the Imperial Seal.
Done in Seoul on this twenty second day of June A.D. 1906, and of the Dynasty the five hundred and fifteenth year.

헐버트에게 내려준 전권 위임장(1906. 6. 22)

첫째, 우리 전부 대신이 조인하였다고 운운하는 것은 진실로 정당한 것이 아니며, 위협을 받아 강제로 이뤄진 것이다.
둘째, 짐은 정부에 조인을 허가한 적이 없으며,
셋째, 정부회의 운운하나 국법에 의거하지 않고 회의를 한 것이며, 일본인들이 대신을 강제로 가둔 채 회의를 한 것이다.

고종 황제는 '그런즉 조약이 성립되었다고 일컫는 것은 공법을 위배한 것이므로 의당 무효'이고 이에 '한국은 장차 이 사건을 네덜란드 헤이그 만국공판소에 공판을 부치고자 한다'고 언급하였다. 이렇듯 고종 황제는 일제에 의해 강탈당한 주권을 회복하기 위하여 구체적인 방법을 제시하며 특사에 의한 주권회복에 노력을 아끼지 않았다.

1906년 6월 말경 취소된 제2차 만국평화회의 개최 문제가 1907년 1월에 들어서면서 다시 불거지기 시작하였다. 당시 러시아 황제, 니콜라이 2세는 재외 러시아 외교관들에게 만국평화회의를 금년 혹은 명년 중 어느 때에 개최하면 좋을 지를 파악하도록 지시하였다. 그 뒤 고종 황제는 이러한 정보를 러시아에 머물고 있던 전러시아 공사 이범진으로부터 전해 듣게 되었다. 당시 이범진의 정보에 따르면 '제2차 평화회의가 러시아 황제 니콜라이 2세의 주창에 의해 네덜란드 수도 헤이그에서 열리며 의장은 주불러시아 특명전권공사 넬리도프'라 알려졌다. 이에 고종 황제는 블라디보스토크에 머물고 있던 이용익에게 밀명을 내려 유럽으로 떠나도록 지시하였다. 이에 이용익은 서전서숙을 운영하고 있던 이상설과 상해에 있는 파블로프와 서로 만국평화회의 특사파견 문제를 논의하였으나, 1907년 2월 이용익이 돌연 죽게 되면서 그 계획은 수포로 돌아가고 말았다.

상동청년회에서 만국평화회의 특사 파견을 준비하다

제2차 만국평화회의가 개최된다는 소식이 공식적으로 국내에 전해진 것은 1907년 3월 경이다. 당시 헤이그에서 만국평화회의가 개최된다는 소식을 접한 《대한매일신보》 총무 양기탁은 그가 한 때 활동하였던 상동청년회에 이런 사실을 알렸다. 비록 상동청년회가 해산되었지만, 상동청년회 출신들은 여전히 상동교회의 전덕기를 중심으로 비밀리에 접촉을 계속하고 있었다. 더욱이 1907년 2월 미국에 머물고 있던 안창호가 귀국한 이후부터 비밀 조직을 만들기 위한 움직임이 활발히 전개되고 있던 때였다. 이들은 주로 상동교회 지하실이나 교회 뒤에 붙은 전덕기 목사의 집에서 모임을 가지곤 하였다.

1907년 6월 헤이그에서 제2차 만국평화회의가 개최된다는 소식을 들은 여러 인사들은 이를 실현시킬 대책 마련에 부심하였다. 이때 참석한 인물은 전덕기 목사를 비롯하여 이준·이회영·이동휘·이갑·안창호·이승훈·김구 등이었다. 이들은 만국평화회의에 고종 황제의 특사를 파견하여 을사늑약은 일본의 강압으로 되었고 결코 한국 황제의 원하는 바가 아니라는 것을 세계 만방에 알려 무효화시키기로 합의했다. 이때 이들은 지난 해에 블라디보스토크로 갔다 용정에서 서전서숙을 열어 학생들을 가르치고 있던 이상설과 이준을 특사로 파견하기로 의견을 모앉고, 여기에 전 러시아 공사관 참서관 이위종을 통역관으로 대동한다라는 원칙을 세웠다. 그리고 이들은 4월 20일로 출발일로 잡았다. 6월 15일에 만국평화회의가 개최될 예정이었기 때문에 여유를 부릴 시간이 없었다.

그런데 정작 이런 사실들을 고종 황제에게 알리는 게 간단치 않았다. 당시 통감부는 전국적으로 의병운동이 일어나자, 1906년 7월 8일에 궁금령宮禁令을 공포하여 고종 황제를 만나는 것을 사전에 차단하고 있었다. 궁금령에는 궁금의 출입은 궁내부 대신이 감독하고 궁전에는 시종원경이, 궁문은 주전원경이 관장토록 하였다. 궁전궁문의 출입하고자 할 때에는, 시종무관이나 전내殿內의 직무를 맡은 자와 각 관아장관이 발급한 문표門標를 제시해야만 했다. 그런데 문표 발급을 받는 대상자는 관리와 그 사역자로 궁문출입에 필요가 있는 자에게 한하도록 하였다.

이준은 당시 시종원경 이도재를 찾아갔다. 이도재는 일제가 황무지 개척권을 요구하였을 때, 한국인의 자력으로 황무지를 개척하자는 목적에서 농광회사를 설립한 바 있었다. 이준과는 국채보상운동에 같이 참여한 인물이기도 하다. 이준은 이도재에게 만국평화회의 문제를 상의하였다.

그리고 이준은 김병시를 모시고 있을 때부터 안면이 있던, 중추원 의장 서정순을 찾아갔다. 서정순은 1898년 중추원의관·의정부찬정·임시서리의정을 지내고 독립협회의 요구에 따른 개각 때 박정양내각의 법무대신 겸 고등재판소재판장이 되었다. 이때 시임대신으로 만민공동회에 출석, 이 회에서 채택한 의안 11조에 찬성하고 왕에게 올리는 헌의6조에 서명하는 등 적극 참여하다가 면관되었다. 그 뒤 1899년 중추원 부의장으로 법규교정소의정관이 되어 대한국국제 제정에 노력하였고 태의원경 궁내부 특진관을 지냈다. 1900년에는 홍문관학사·장례원경·표훈원의정관을 역임하였다. 1904년 기로소에 들어갔고, 표훈원의정관·중추원찬의·표훈원내관 등을 거쳐 1906년 12월 중추원의장에 오른 인물이다.

특히 이준이 대한자강회 회장으로 있을 당시 의무교육을 정부에 제한하였을 때, 당시 중추원 의장이었던 서정순이 이를 적극 수용하여, 의무교육은 절실하고 긴박하게 시행해야 할 일이라며 적극 찬성하였으며, 국채보상운동 때도 같이 협력하기도 하였다.

이준은 국권을 회복하기 위해서는 반드시 만국평화회의에 호소하는 방법 밖에 없다는 뜻을 밝히고 고종 황제를 만날 수 있도록 힘써 줄 것을 청하였다. 그리고 이준은 서정순에게 다음과 같은 내용이 적힌 종이를 건네주었다.

1. 우리나라의 속박을 벗어나자면 만국평화회의를 기다려 호소할 일인 즉, 을사늑약의 무효를 강경히 주장하여야 할 일
2. 그리하여 일본 통감부, 일본 사령부, 일본 고문단 등의 철거를 실현하게 할 것
3. 국내 정부의 빠른 개혁이 어려우면 폐단을 연구하는 연구회를 조직하여 나라의 정책을 명랑하게 하여 밖으로 우리의 실력을 보이게 할 것
4. 평화회의 참가 여부는 나라 안의 통일된 힘의 여하에 달린 것이니 간

접적으로 비밀리에 서로 응하여 평화화의의 개최시까지 폐하로 하여금 극비리에 가장 믿을 수 있는 신하로 내각을 수립하도록 할 것
5. 우리들에게 비밀 조서를 내려 신임장을 가지고 가도록 할 것
6. 미국과 러시아 등 제국과 평화회의에 휴대할 친서의 허가를 내려주어 받게 할 것
7. 러시아 주재 공사 이범진과 연락을 할 수 있도록 할 것
8. 특사를 보낸 후 문제가 생기면 폐하께서 강경히 특파를 주장하시게 할 것
9. 출장비에 대한 일

그 내용에는 만국평화회의에 특사를 파견해야할 필요성, 목적과 방법 등이 실려 있었다. 아마 이러한 내용은 서정순에 의해 고종 황제에게 비밀리에 전해졌을 것이다.

고종 황제를 만나다

이준이 시종원경 이도재와 중추원장 서정순 등을 통한 고종 황제와의 만남은 순조롭게 진행되었다. 그 결과 1907년 3월 중순경 고종 황제는 침전내인 김상궁을 통해 이준에게 극비밀리에 입궐하라는 칙명을 내렸다. 비록 궁금령이 내려진 상황이었지만, 고종의 수발을 드는 내밀한 임무를 맡고 있던 상궁들까지 완전히 차단할 수는 없는 일이었기 때문에, 다른 누구보다도 궁궐을 출입하는 데 수월했을 것이다.

이준이 고종 황제를 비밀리에 만났던 덕수궁 중명전

　이준은 고종 황제가 거처하고 있던 덕수궁 중명전에 들어갔다. 중명전은 1900년 1월 덕수궁 별채로 건립된 우리나라에서 궁중에 지어진 서양식 건물로는 최초의 것 중의 하나로, 고종 황제의 외교사절단 접견장 겸 연회장으로 쓰였으나, 1904년 덕수궁이 불타자 고종은 이곳으로 옮겨와 1907년 순종純宗에게 왕위를 물려줄 때까지 3년간 기거하였다. 1905년 을사늑약이 체결되었던 비운의 장소이기도 하며, 1906년 황태자(순종)와 윤비尹妃와의 가례가 여기에서 거행되기도 하였다.
　고종 황제와의 첫 대면이었다. 고종 황제는 이준이 그동안 활동하였던 보안회, 국민교육회, 대한자강회, 국채보상연합소 등을 주도적으로 이끌었다는 사실과, 특히 1907년 2월 공개재판을 통해 익히 알고 있던 터였다. 이준은 고종 황제에게 헤이그에서 개최되는 만국평화회의에 특사를 파견하여 을사늑약의 부당성을 폭로해야 한다며 특사 파견을 요청하였다. 고종 황제로서는 이용익을 통해 뜻을 이루고자 하였으나, 그가 갑자기 죽는 바람에 허탈해 하고 있었다. 이때 이준이 고종 황제를 직접 대면하게 되었고, 용정에 머무르고 있는 전 의정부 참판 이상설과 러시아에 있는 이위종을 특사로 파견해 줄 것을 요청하기에 이른 것이다. 그리고 미국 대통령, 러시아 황제, 독일, 오스트리아의 원수에게 보낼 친서와 평화회의에 가지고 갈 친서도 함께 요구하였다. 고종 황제는 이준의 요청에 따라 이들을 특사로 임명하였다.

고종 황제로부터 특사 파견을 승낙 받은 뒤, 이준은 바삐 움직여야만 하였다. 국내에서 출발할 일자를 4월 20일로 결정하였기 때문에, 한 달여 정도 밖에 남지 않았기 때문이다.

문제는 고종 황제로부터 특사 파견에 따른 신임장과 다른 나라에 보낼 친서, 평화회의에 제출할 친서 공고사 등을 건네 받는 것이 문제였다. 궁금령에 의해 고종 황제로부터 이를 받아오는 것이 여의치 않았던 것이다.

그런데 고종 황제의 신임장을 누가 가지고 궁궐을 나왔느냐 하는 것이 지금까지 문제로 남아 있다. 당시 일본 헌병들은 고종 황제를 덕수궁에 가두어 있게 한 후 궁궐에 출입하는 사람들을 일일히 몸수색까지 했다. 그런데 어떻게 신임상을 내어 왔을까. 이 문제에는 두가지 설이 있다. 하나는 고종의 신임을 받고 있었을 뿐만 아니라 한국문제라면 발벗고 나섰던 감리회 선교사 헐버트가 가지고 나왔다는 것이요, 다른 하나

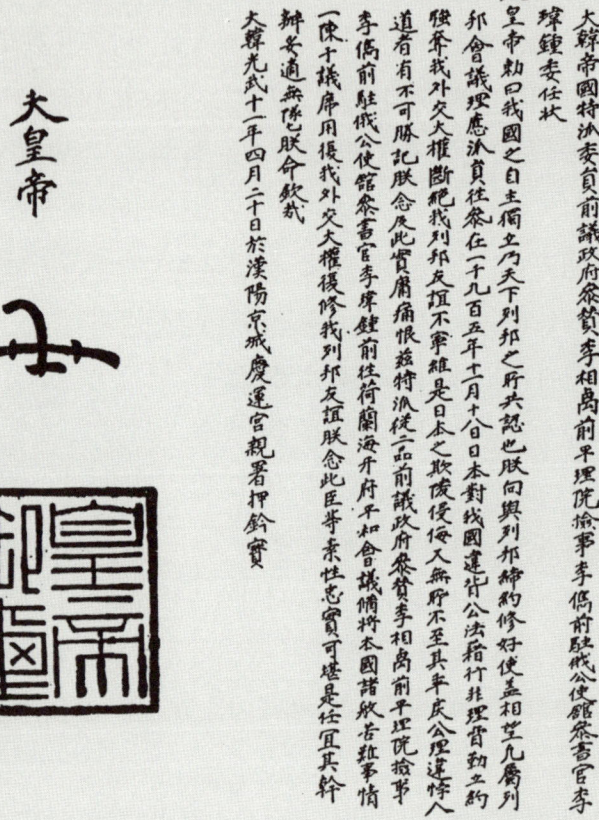

고종 황제가 이준에게 건네준 신임장(1907. 4. 20)

는 전덕기 목사의 친척인 김상궁이 가지고 나왔다는 것이다.

누가 가지고 나아왔던 전덕기 목사는 이준 대표에게 신임장을 건내주었으며, 고종 황제로부터 전달 받은 문서는 신하에게 힘쓰라는 왕의 말씀인 돈유문·해아밀사친임장·대한광무황제친서 등이었다. 이들 내용을 살펴보면 다음과 같다.

돈유문

내가 경에게 권권眷眷하며 경이 나에게 단단斷斷함은 이것이 어찌 심상한 비할 바랴. 이에 장차 경을 일으켜 만리해외에 보냄은 우리나라의 사직을 평안케 하며 우리 민국을 구제케 함이 이 일거에 있다. 경은 그 흠승할지어다. 그리하여 우리나라의 간난한 국보를 홍제弘濟케 하며 만국으로 하여금 믿고 감동하는 길을 열게 함이 있으면 다행이다. 이 이상 더 없는 줄로 안다. 중심에 있는 바를 나는 다시 말하지 않는다. 경은 깊이 양해하기를 바라는 바이며 경은 깊이 양해하기를 바라는 바이다.

해아밀사신임장

대황제는 칙하여 가로되 우리나라의 자주독립은 이에 천하열방의 공인하는 바라. 짐이 向者에 여러나라로부터 조약을 체결하고 好를 修하여 使盖가 相望하니 무릇 만국회의에 속한 곳에는 파원하여 왕참하는 것이 도리에 응당한 것이니 그런데 1905년 11월 18일에 있어서 일본이 우리나라에 대하여 공법을 위배하며 비리를 藉行하여 협박하여 조약을 체결하오 우리의 외교 대원을 강탈하며 우리의 열방 우의를 단절케 하였다. 이 일본의 사기와 능욕과 업수이 여김이 끝이 없을뿐더러 그 공리에 어그러진 것이 되고 인도에 위배하는 것이 또한 다 기록할 수 없다. 짐의 생각이 이에 미쳐 참으로 통한을 느끼는 바이다. 이에 여기에 종2품 전의정부 참찬 이상설, 전평리원 검사 이준, 전 주러 공사관 참서관 이위종을 파견하여 네덜란드 헤이그 평화회의에 보내 본국의 제반 힘든 사정을 알리기 위해 회의에 참석하여 우리의 외교권을 다시 찾게 하며 우리의 열방과의 우의를 다시 찾도록 하노라. 짐이 생각건대 이 신들이 본디 성품이 충실하여 이 임무에 可堪하여 마땅히 그 幹辦이 妥適할줄로 안다.

광무 11년 4월 20일 한양 경성 경운궁에서 압을 침서하고 보를 鈐하노라

대황제 수결 御璽

대한광무황제 친서

대한제국 황제 이희는 삼가 글월 대미국 대통령에게 보내노라

짐의 오늘의 정세는 더욱 더욱 간난하여

회고하되 소향訴向할 곳이 없다 이에

각하에게 향하여 다만 이를 번진煩陳코자 하니 원컨대

두터운 정을 베풀기를 바라노라 우리나라의 보전과 진흥은 전혀

각하의 고념 여하에 있다.

금번 열리는 만국평화회의에 흔쾌히 우리나라가 실상 이유 없는 일을 당하고 있는 것을 성명함을 얻게 되면 하는 바람입니다. 현하의 정세는 깊이 분개하고 차탄嗟歎을 견디지 못하겠습니다.

각하는 특히 우리나라의 무고히 피화被禍하고 있는 것을 생각하여 이 회의가 개최될 때에 짐의 사절로 하여금 우리나라의 정세를 설명케 하여 만국의 공의와 정론을 일으켜 우리나라로 하여금 국권을 회복게 되면 짐과

To His Excellency
The President of The United States.

From The Emperor of Korea: Greetings.

    Ever since the year 1883 the United States and Korea have been in friendly treaty relations. Korea has received many proofs of the good-will and the sympathy of the American Government and people. The American Representatives have always shown themselves to be in sympathy with the welfare and progress of Korea. Many teachers have been sent from America who have done much for the uplift of our people.
    But we have not made the progress that we ought. This is due partly to the machinations of foreign powers and partly to our own mistakes. At the beginning of the Russo-Japanese War the Japanese Government asked us to enter into an alliance with them granting them the use of our territory, harbors and other resources, to facilitate their naval and military operations. Japan, on her part, guaranteed to preserve the independence of Korea and the welfare and dignity of the Royal House. We complied with Japan's request, loyally lived up to our obligations and did everything that we had stipulated. By so doing we put ourselves into such a position that if Russia had won she could have seized Korea and annexed her on the ground that we had been active allies of Japan.
    It is now apparent that Japan proposes to abrogate her part of this treaty and declare a protectorate over our country in direct contravention of her sworn promise in the agreement of 1904. There are several reasons why this should not be done.
    In the first place Japan will stultify herself by such a direct breach of faith. It will injure her prestige as a power that proposes to work according to enlightened laws.
    In the second place the actions of Japan in Korea during the past two years give no promise that our people will be handled in an enlightened manner. No adequate means have been provided whereby redress could be secured for wrongs that have been perpetrated upon our people. The finances of the country have been gravely mishandled by Japan. Nothing has been done toward the cause of advancing education or justice. Every move on Japan's part has been manifestly selfish.
    The destruction of Korea's independence will work her a great injury because it will intensify the contempt with which the Japanese people treat the Koreans and will make their acts all the more oppressive.
    We acknowledge that many reforms are necessary in Korea. We are glad to have the help of Japanese advisers, and we are prepared loyally to carry out their suggestions. We recognize the mistakes of the past. It is not for ourself we plead but for the Korean People.
    At the beginning of the war our people gladly welcomed the Japanese because this seemed to herald needed reforms and a general bettering of conditions, but it soon was seen that no genuine reforms were intended and that the people had been deceived.
    One of the gravest evils that will follow a protectorate by Japan is that the Korean People will lose all incentive to improvement. No hope will remain that they can ever regain their independence. They need the spur of national feeling to make them determine upon progress and to make them persevere in it. But the extinction of nationality will bring despair, and instead of working loyally and gladly in conjunction with Japan, the old-time hatred will be intensified and suspicion and animosity will result.
    It has been said that sentiment should have no place in such affairs, but, Sir, we believe that sentiment is the moving force in all human affairs, and that kindness, sympathy and generosity are still working among nations as among individuals. We beg of you to bring to bear upon this question that same breadth of mind and the same calmness of judgment that have characterized your course hitherto, and, having weighed the matter, to render us what aid you consistently can in this hour of our national danger.
(The private seal of the Emperor of Korea)

고종 황제가 미국 대통령 루스벨트에게 보낸 주권수호 협조요청 친서 우리의 신민은 감격하여 각하의 혜덕을 잊지 못할 것입니다. 귀국 정 주한공사 안련혜론이 갈 때에 옹망襄望의 심애를 간절히 세진細陳하고 겸하여 그 공사에게 긴히 부탁함이 있었다. 각하는 이미 들었을 것으로 줄로 믿는다. 오직 수양垂諒하기를 바란다.

대한광무 1907년 4월 20일 한양 경성 경운궁에서 압을 친서하고 보를 령하노라

거사를 위해 블라디보스토크로 떠나다

이준은 블라디보스토크로 떠나기 이틀 전인, 1907년 4월 20일에 그가 몸담고 있던 대한자강회 주최로 열린 연설장에서 '생존경쟁'이라는 주제로 마지막 연설을 하기 위해 YMCA를 찾았다. 그런데 이날은 이준이 헤이그로 떠나기로 한 날이었지만, 미처 준비가 안되었거나, 매우 비밀리에 진행된 상황이었기 때문에 예정된 일정을 차질 없이 마치고자 했던 이준의 주도면밀함 때문이었는지 모를 일이다.

… 저 일본은 우리 한국이 약한 틈을 타서 약육강식의 수단으로 침략하여 온 지 오램은 우리나라의 삼척동자까지라도 다 알고 있는 사실이 아닌가. 우리는 하늘이 품부稟賦한 우리의 생존경쟁의 권리를 확충하여 일본의 침략의 마수를 하루바삐 쫓고 우리나라를 본연의 상태로 돌려 무궁부강의 기초를 하루바삐 닦아 경쟁이 극열한 열강으로 더불어 호형호제하는 지경에 도달되기를 바라는 바이다.

이준이 블라디보스토크로 떠나기 전 마지막으로 연설한 황성기독교청년회관

이준은 이때 청년들에게 한국을 일본의 구렁텅이에서 구하기 위해 생존경쟁의 권리를 확충하도록 하였으며, 이를 더욱 발전시켜 세계 서구 열강과도 어깨를 나란히 할 수 있도록 하기를 바랬다.

또한 4월 21일에는 국민교육회 주최로 열리는 대한자강회 회장 윤효정의 연설에도 참가하기도 하였다. 고종 황제의 특사로 막중한 임무를 띠고 떠나는 몸이었지만, 그가 맡은 일에는 끝까지 최선을 다하는 모습이었다.

그리고 그날 저녁에 이용익의 손자인 이종호의 집에서 안창호·이갑 등이 모인 가운데 이준을 떠나보내는 조촐한 자리를 마련하였다. 모든 것이 비밀리에 이뤄지는 마당에 드러내놓고 작별할 수는 없는 노릇이었다. 비록 이준보다는 나이 어린 동지들이었지만, 이준을 떠나보내는 마

이상설이 설립한 간도 민족학교 서전서숙

음이 남달랐으며, 성공을 기원하는 자리였다.

4월 22일 출발하는 아침, 이준은 아들 종승鍾乘과 딸 금녕金鈴, 부인 이일정을 불러 앉혀 놓고 여느날과는 달리 근엄하면서도 인자한 말투로 당부의 말을 남겼다. 아침에 가방 하나를 손에 들고 길을 떠나면서 부인 이일정 여사에게, "내 부산 볼 일이 있어서 잠시 다녀올 터이니 며칠만 기다려 주소"라는 말만 남기고 떠나갔다 한다.

이준을 배웅하기 위해 나와 있던 이갑·안창호·이종호의 배웅을 받으며, 의관 나유석과 함께 남대문역을 출발하여 부산에 도착하였다. 이곳에서 이준은 부산에 이르러 하룻밤을 여관에서 지내고 배편을 얻어 블라디보스토크로 향하였다.

이들이 블라디보스토크에 도착한 것은 서울을 떠난 지 18일이 지난

1907년 5월 9일이었다. 그런데 이때 블라디보스토크에 있는 무역사무관 환산丸山 경무고문이 제14사 헌병대장에게 이준과 의관 나유석이 도항하였다는 사실을 통보하였지만, 정확히 이들이 무슨 목적을 가지고 왔는지는 구체적으로 파악한 것으로 보이지 않는다.

이준은 블라디보스토크에 도착한 직후, 북간도 화룡현 서전서숙에서 대기하고 있던 이상설에게 급히 전보를 보냈다. 5월 14일경, 이준으로부터 블라디보스토크에 도착하였다는 연락을 받은 이상설은 비밀지령을 받고 떠나는 입장이었기 때문에, 훈춘에 학교를 하나 더 세우러 간다고 이야기를 하고, 이동녕·정순만 등과 함께 블라디보스토크로 길을 떠나갔다. 그러나 아쉽게도 서전서숙은 숙장 이상설이 떠나간 뒤로 재정난과 통감부의 간도출장소가 설치되면서 그들의 감시와 방해로 더 이상 견딜 수 없게 되자, 같은 해 9, 10월경에 스스로 문을 닫고 말았다.

이준과 이상설이 블라디보스토크에서 만나 한인사회에서 부호였던 상인 김학만의 집에 머물렀다. 김학만은 1905년 블라디보스토크로 건너가 항일계몽단체인 한인민회의 조직에 참여, 1910년 회장으로 선임되어 안중근의 구명운동을 위하여 자신이 20루블을 희사하고 500루블을 모금, 변호비에 충당하게 하였고, 안중근의 유족을 계속 후원하기도 하였다.

이상설과 함께 블라디보스토크로 건너온 정순만은 특사들의 자금을 조달하기 위해 그곳 한인들로부터 2만 원의 의연금을 모았다. 그런데 세 특사의 여비와 활동자금으로 고종 황제가 20만 원을 주었다는 설과 이에 필요한 자금을 이용익의 손자인 이종호가 2만 원을 건냈다는 예기도 있으나 명확하지는 않다.

러시아 페테르스부르그의 이범진 거주지

　이렇듯 한인들로부터 의연금을 거둘 수 있었던 것은 블라디보스토크에 한인거류지가 형성되어 있었기 때문에 가능했다. 블라디보스토크에 한인들이 이주하기 시작한 것은 1893년으로 이때 집단거류지는 '까레이스까야 슬라보드까'라고 불렸으며, 그곳 한인들은 '개척리'라 하였다고 한다. 그 후 블라디보스토크 이곳 저곳에는 개척리 외에도 동영, 동막거리, 피막동 등의 작은 규모의 한인 집단 거주지가 생겨났다. 그 결과 1907년경에는 블라디보스토크에는 994호, 1만 400명의 한인들이 거주하고 있었다.

　이와 같은 블라디보스토크에서 특사파견 준비가 순조로웠던 것은 이러한 유력자들의 지지와 성원이 있었기 때문이었다. 이곳은 통신·교통

세 명의 특사가 횡단한 시베리아 철도 노선

상의 요지였기 때문에 상업이 발달하였으며 정보가 빨랐기 때문에 부를 이룬 한인들이 적지 않았던 것이다. 이들 한인 가운데는 최봉준·최재형 등과 같이 연해주 주둔 러시아 군대에 군수 납품업에 종사하며 거부를 일군 사람도 있었으며, 차석보와 같이 객주업·노동청부업·서적판매업 등에 종사하여 부를 일군 대상인도 있었다. 이들은 후에 이곳으로 망명한 민족운동자들과 협력하여 국권회복운동에 앞장섰다. 그리고 이들은 이준과 이상설 등의 활동이 성공하기를 바라는 마음에서 연회를 베풀기도 하였는데, 가장 적극적으로 동참한 인물이 김학만이었다.

한편, 정순만은 미국에 있는 박용만과 이승만에게 밀사들을 돕기 위하여 영어에 능숙한 사람을 보내달라고 요청했다. 이승만은 그 부탁을 거절하였으나 박용만은 두 사람을 선발해서 헤이그로 파견했다.

드디어 5월 21일 오전, 헤이그 특사 준비를 마친 이준과 이상설은 이동녕·정순만·윤일병·김현토 등의 배웅을 받으며, 차석보의 아들인 중

학생 차니콜라이의 안내를 받아 비밀리에 시베리아 횡단 철도편으로 블라디보스토크를 출발하였다. 그런데 5월 24일에 블라디보스토크 주재 일본무역사무관이 통감부 총무장관에게 한국인사들이 만국평화회의 개최를 기하여 헤이그에 가서 한국의 독립을 위해 열국 전권위원들에게 운동하려는 것으로 보인다고 보고하였다. 그 뒤 통감부가 어떠한 조처를 취했는지 확인되지 않는다.

페테르부르크에서 러시아 황제를 접견하다

6월 4일, 흑색 양복차림의 일행은 실은 기차는 9300km가 넘는 거리를 보름동안 달려 러시아의 수도인 페테르부르크에 도착하였다. 이준과 이상설은 곧장 전 러시아공사 이범진을 찾았고 그의 아들 이위종을 만나, 고종 황제의 칙서와 특사 신임장을 보이고 만국평화회의에 밀사로 온 뜻을 전한 뒤 회의에 참례할 만반 대책을 논의하였다.

이위종은 7세 때 외국 공관장을 역임하는 아버지를 따라 고국을 떠났고 그의 부친이 주미공사 때 워싱턴의 College of janson de Lailly에서 4년간 수학하였다. 또한 이범진이 주불공사 때 특별 군사학교인 파리의 St. Cyr에서 2년간 수학하였다. 게다가 이범진이 주러시아 공사로 전임하자 페테르브르크에 가서 주러 공사관 참서관이 되고, 러시아 황제 니콜라이 2세로부터 St. Stanislaus라는 칭호를 부여받기도 하였다.

이들 세 사람은 먼저 전에 러시아주한공사를 지낸 베베르와 상해에서 귀국한 파블로프 등의 주선으로 라시아 외무대신과 황제인 니콜라이

2세를 만났다. 이준과 이상설은 제2회 만국평화회의 개최의 주창국이며, 의장국인 러시아 정부의 지지와 후원을 기대하였던 것이다. 이들은 고종 황제의 친서를 니콜라스 황제에게 전달하였다.

친서에는 다음과 같은 내용이 들어 있었다.

대한제국 황제 이희李熙는 삼가 글을 대러시아 제국 황제 폐하게 보낸다.

"짐, 오늘의 경우 더욱 어렵고 곤란하여 돌이켜 보아도 호소할 곳이 없는 지라 오직 폐하에게 번거롭게 진정할 뿐이며, 한국 진흥의 시기 오로지 폐하의 돌보심에 있으며, 지금 다행이 만국평화화의가 개최된다 하니 이 회의에서

이범진의 아들이며 러시아공사관 참서관 이위종

우리나라가 지금 당하고 있는 바가 참으로 이유가 없는 일임을 밝히게 하시면 이런 다행스러운 일이 없까 한다. 한국은 러일전쟁 개전에 앞서 중립을 선언한 것은 이미 여러 나라가 널리 알고 있는 바, 현하의 정세는 깊이 분개치 않을 수 없는 터이니 폐하는 한국이 무고히 화를 당하고 있는 정상을 생각하여 짐의 사절로 하여금 한국 실정을 그 회의에서 설명할 수 있게 하여 만국의 물의를 일으킬 수 있다면 곧 한국의 주권이 회복될 수 있을 것입니다. 그와 같이 되면 이는 참으로 짐과 우리 백성들이 감격하여 폐하의 은덕을 잊지 않을 것이다. 이난 번 귀국의 공사 베베르가 돌아

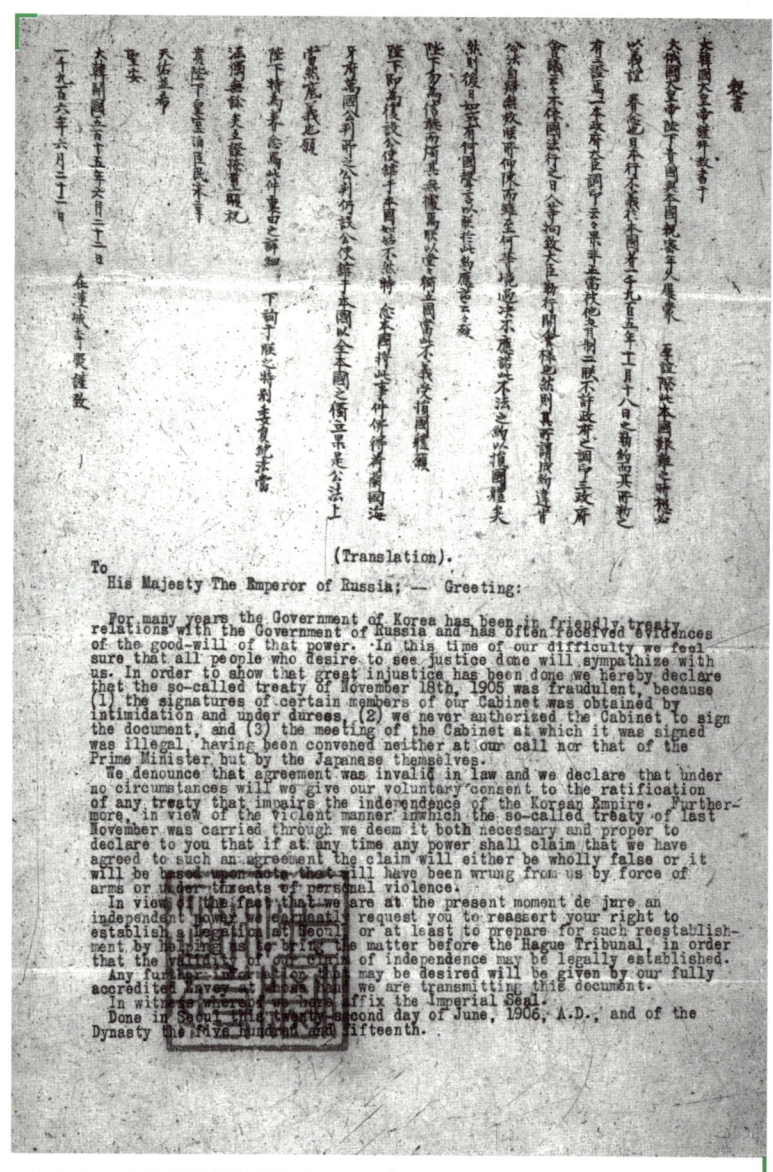

러시아 황제에게 보낸 고종 황제의 친서(1906. 6. 22)

헤이그 특사로 파견된 이준, 이상설, 이위종(왼쪽부터)

갈 때에 나의 속마음을 보여 부탁한 바가 있었다. 참뜻을 살피기를 바라노라.

　　　　　대한광무 11년 4월 20일 한양 경성 경운궁에서
　　　　　압押을 친서하여 보寶를 령鈴한다.

이준이 고종 황제로부터 받아 간 황제의 신임장과 친서는 경운궁에서 광무 11년(1907) 4월 20일자로 국새國璽와 황제의 수결이 찍힌 백지 위임장이었다.

그것은 고종 황제가 이들 특사들을 지극히 신임하였을 뿐 아니라, 사용하는 성격이나 시기에 따라 알맞게 작성되어야 하는 사정이 있었기

세 명의 특사가 도착한 네덜란드 헤이그역

때문으로 생각된다.

친서를 받아 든 러시아 황제는 특사들을 위로하며, 힘껏 돕겠다는 언약을 하였다. 이에 특사들은 헤이그 만국평화회의의 주창자인 러시아 황제로부터 희망 섞인 말을 들을 수 있었다. 특사들은 15일 동안 이곳에 머무르면서, 이위종의 도움으로 장서長書와 공고사控告詞를 불어로 번역하는 등 나름의 준비를 해 나갔으나, 러시아의 외무부를 통해 동정을 살폈지만, 만국평화회의에 참석하는 것이 막연무망漠然無望하다는 얘기만 들려왔다. 그렇다고 특사들은 이를 포기하고 여기서 그냥 눌러 앉아 있을 수 없었다. 그래서 다시금 행장을 꾸린 특사들은 6월 19일 페테르부르크를 출발하였다.

헤이그 만국평화회의에서 특사 활동을 전개하다

특사들은 가는 길에 독일의 수도 베를린에 들러 〈장서〉를 인쇄하고, 6월 25일에 만국평화회의가 개최되는 헤이그에 도착하였다. 그런데 1907년 6월 15일 참가국 45개국, 247명이 모인 가운데 제2차 만국평화회의가 빈네호프Binnenhof 왕궁의 리더잘Ridderzaal에서 개최된 뒤였다.

특사들이 머물렀던 헤이그의 융호텔

이들은 서둘러 헤이그 시내에 있는 바겐 슈트라트가 124번지에 있는 융De Jong호텔에 숙소를 정하였다. 이 숙소는 이름만 호텔이었지 여인숙과 같은 중간급 호텔이었다고 한다. 이들은 호텔 옥상위에 태극기를 높이 내걸고 공개적으로 떳떳하게 행동하였다. 이제는 더 이상 비밀리에 행동할 필요가 없었기 때문이다.

이준을 비롯한 특사들의 당면활동은 을사늑약의 무효와 폐기 그리고 일본의 침략상을 낱낱이 드러내어 국권회복에 다른 나라들의 뒷받침을 호소하는 것이었다. 우선 이들은 평화회의에 한국대표로 공식으로 참석하기 위한 활동을 전개하였다. 특사들은 평화회의 의장으로 당선된 러시아 대표 넬리도프 백작을 방문하여 러시아 황제가 준 친서와 러시아 외무대신의 소개장을 넬리도프에게 전달하며 후원을 청하였다.

러시아 황제의 친서

넬리도프 백작 각하

짐은 평화회의에 좋은 결과를 맺기를 기대하며 축복한다. 몇일 전에 짐은 짐의 친구인 한국 황제로부터 친서를 받고 이상설 이준 이위종 3명의 밀사를 만나보았다. 을사5조약으로부터 인하여 일본에게 피탈된 외교권을 회복하려는 것은 짐은 깊이 동정을 不堪하는 바가 있다. 경은 짐의 뜻의 받들어 10분의 원조를 하여주기를 바란다.

러시아 외무대신의 소개장

넬리도프 백작 귀하

각하의 건강을 빌려 각하의 역량으로 평화회의에 많은 공적을 거두기를 바란다. 지금 우리 친방 한국 황제가 보내는 이상설, 이준, 이위종 세 특사를 소개한다. 힘이 미치는대로 협조하여 그 사명을 완수할 수 있도록 하여 주기를 바란다. 베베르 공사 이래의 인영 관계를 더욱이 생각하여 약자의 고충에 십분 동정이 있기를 바라는 바이다.

이를 받아 본 넬리도프는 이들을 호의로 대접하고 동시에 동정을 보내며 자기 힘이 미치는 데까지 도와주겠다고 약속하였다. 하지만 각국 대표 초청은 주최국인 네덜란드 정부이므로 그 정부의 외무대신을 교섭하도록 권하였다. 넬리도프의 도움으로 네덜란드 외상 후온데스를 찾아가, 한국 황제의 밀사 3명이 온 뜻을 말하고 회의 참례의 통첩문제를 논의하였다. 후온데스는 '포츠머스조약에서 을사늑약을 승인한 사항이기 때문에, 한국의 외교권이 일본에 넘겨진 상태이고, 각국이 이를 인정하여 2년간 단교 중이기 때문에, 회의통첩을 발부하는 것은 어려우며, 회의통첩을 발부할 때에 참석자격의 국가 자격을 심사를 할 때에 제외되었으니 내가 단독으로 어찌 처리할 수 없는 사안이다'며 특사들의 요구를 거절하였다.

그렇다고 망연자실할 수 없었다. 우선 특사들은 만국평화회의 일정이나 각 분과위원회의 활동에 대해 주의 깊게 살펴, 한국의 입장을 밝히고자 하였다. 먼저 특사들은 제1차 본회의의 개의와 동시에 국제문제의 평화적 해결을 위해 열리는 제1분과위원회 회의에 참석하였다. 그리고 한국정부의 기능을 마비시키고 외교적 활동을 막는 일본의 비합법성에 관한 전반적인 문제가 의제로 다뤄지도록 요청하면서 고종 황제의 친서를 전달하였다.

대제국황제는 글월을 화란국 헤이그 만국평화회의에 보내노라. 염외念外에 시국이 대변하여 강린强隣의 침박이 일심하여 마침내 우리의 외교권이 피탈되고 우리의 자유권을 손상함에 이르렀다. 그리하여 짐과 및 거국신민은 통분읍울하여 규천읍지叫天泣地에 무소부지無所不至하니 원컨대 교호交好의 의誼와 부약扶弱의 의義를 수념垂念하여 널리 각 우방에 의議하여 법을 설하여 우리의 독립의 국세를 보전케 하여 짐과 및 전국 신민으로 하여금 은을 함하여 만세에 그 덕을 송케 되면 이에서 더한 만행이 있으랴. 균감均

鑑을 통희統希하노라.

대한광무 11년 4월 20일 한양 경운궁에서 押을 親署하고 寶를 鈐하노라.

그러나 프랑스 대표인 위원장은 제1분과위원회에서는 정치적인 문제는 다루지 않는다는 이유를 들어 특사들의 요청을 거부하였다. 이때 중국대표와 일본대표는 참석하지 않았다. 중국대표의 경우는 한국특사들의 제안이 거부될 때 방관해야만 하는 처지로 곤궁해질 것을 우려하여 그들의 수석대표가 아프다는 핑계를 대었다. 또한 일본대표의 경우, 그들 본국과의 협의를 통해 만국평화회의에 파견된 한국 특사들의 기도를 거부할 수 있는 근거를 마련하기 위해 고의적으로 불참하였다. 자신들이 직접 나서기보다는, 정부 차원의 물밑 작업을 통해 특사들이 평화회의에 거부되기를 바랐던 것이다.

일제의 방해를 받다

특사들은 활동이 여의치 않자, 6월 27일 공소사控告詞(성명서)와 그 부속 문서인 〈일인불법행위〉를 담은 1책을 프랑스어와 영어로 작성하여, 그 다음 날인 6월 28일에 평화회의 의장과 일본을 제외한 40여 개국의 각국대표에게 보내는 한편, 《평화회의보》에 전문을 게재하였다.

헤이그 만국평화회의 대표자격으로 대한제국 황제폐하에 의해 특파된 전 의정부 참찬 이상설, 전 평리원 검사 이준, 성 페트로부르크 주재 대한제국 공사관의 전 참서관 이위종은 우리나라 독립이 여러 강국에 의해

1884년에 보장되고 또한 승인되었음을 각국대표 여러분에게 알려 드림을 영광으로 생각합니다. 그뿐만 아니라 우리나라의 독립은 여러분들의 나라에서 지금까지 인정하여 왔습니다. 1905년 11월 17일, 이상설은 당시 의정부 참찬으로 있었던 까닭에 일본이 국제법을 무시하고 무력으로 우리나라와 여러분들의 나라와의 사이에 당시까지 유지되고 있던 우호적인 외교관계를 우리에게 강제로 단절케 한 일본의 음모를 목도하였던 것입니다. 당시 일본인이 사용한 방법을 각국대표 제위에게 알려드리고자 합니다. 일본인들은 이 목적을 달성하기 위해 무력으로 위협하고 대한제국의 권리와 법률을 침해하는 데 주저하지 않았습니다. 일본인들이 도대체 어떠한 방법을 사용하였나 하는 것을 본인이 각하에게 알려드림을 혜량惠諒하시고 좀더 설명의 명확을 기하기 위해 본인은 우리들의 규탄 이유를 아래 세 가지로 나눠어 보도록 하겠습니다.

1. 일본인들은 황제폐하의 재가없이 한일협상조약(을사늑약)을 체결하였습니다.
2. 자기들의 목적을 달성하기 위해 일본인들은 대한제국정부에 대해 무력행사를 감행하였습니다.
3. 일본인들은 대한제국의 법률이나 전통을 무시하고 행동하였습니다.

이상 열거한 세 가지 사실이 국제법을 침해하였는지의 여부는 대표 여러분들의 공정한 판단에 맡기겠습니다.
일본의 이러한 간교姦巧가 우리나라와 우방국가의 사이에 지금까지 유지하는 우호적인 외교관계를 단절케 하고, 항구적인 극동평화를 위협하게 되는 것을 우리들이 독립국가로서 어떻게 용납할 수 있겠습니까?

본인은 헤이그 만국평화화의 참석을 목적으로 한 황제폐하의 사절임에도 불구하고, 일본인들이 바로 우리나라의 권리를 침해했기 때문에 이 회의에 참석할 가능성을 박탈당한 데 대하여 심히 유감으로 생각합니다. 우리들은 우리들이 출발하던 날까지 일본인들이 행사할 모든 방법과 범죄행위의 개요문서概要文書를 별첨하오니 우리나라에 대하여 지극히 중대한 본 문제에 여러분들의 우호적 배려를 바랍니다. 여러분들이 보충자료가 필요하시거나 또한 우리들이 대한제국황제폐하로부터 전권을 위임받았다는 사실을 확인하고자 하신다면 우리들에게 이를 알려 주시기 바랍니다. 우리는 대표 여러분들에게 제반 편의를 제공하는 영광을 갖겠습니다.

대한제국과 우방국과의 외교관계 단절은 대한제국의 자의에 의한 것이 아니라 일본에 침해당한 결과라는 점에 비추어 우리들이 만국평화회의에 참석하여 일본인들의 음모를 중재仲裁를 간청하면서 여러분에게 호소하는 바입니다.

각국대표 여러분, 우리들은 미리 감사드리며 높은 경의를 표합니다.

서기 1907년 6월 27일
대한제국 황제 특파전권밀사
이상설, 이준, 이위종
和蘭國海牙府萬國平和會議長 넬리도프
子爵 閣下

한편 1907년 6월 29일에 이준 등은 다시 만국평화회의 의장 넬리도프를 방문하여, 일본의 한국 주권 침해를 설명하며 의장 직권으로 회의 참석을 청하였다. 그러나 그는 네덜란드 정부의 소개장이 없다는 이유로 특사들의 요청을 일언지하에 거절하여 만나지 못하였다. 이는 6월 27일, 헤이그에 있던 일본 대표들의 급전으로 한국 특사들이 헤이그에서 활동하고 있다

만국평화회의 의장 넬리도프

는 소식을 접한 일제는 평화회의에 참석한 각국에 전문을 보내 한국은 이미 일제에 외교권이 넘어간 상황이기 때문에 한국 특사들은 대표성이 없다며 특사들의 회의 참석과 그 밖의 행동을 갖은 수단으로 방해하였기 때문이었다.

이를 알 길이 없었던 특사들은 포기하지 않고, 6월 30일에 미국대표를 비롯하여 영국·프랑스·독일 등 각국 대표위원들을 만나 회의참석을 요구하는 협조를 구하였다. 그러나 모두 실패하고 말았다. 이에 네덜란드 외무대신 M. Van Tets에게 서한을 급송하여 면회를 요청하였으나, 그는 비서관을 보내와 평화회의에서의 발언은 어렵다고 거절하였다. 결국 특사들은 만국평화회의에 참석하지 못하여 뜻을 이루지 못하였다.

비록 특사들은 만국평화회의에 참석하여 발언권을 얻는데 실패하고 말았지만, 〈공고사〉와 부속문서는 일본의 일반적인 한국문제 선전이 허위임을 밝히는 중요한 구실을 하였다. 그러나 특사들의 이 같은 활동은 한국 문제가 국제적 평화문제 중에 포함될 수 있는 것이며, 한국민의 요

헤이그 특사의 활동을 보도한 《평화회의보》

구와 항쟁이 '이유 있는 것'이라는 국제적인 이해를 구하는데 충분하였지만, 정작 여러 나라가 모두 자국의 이해득실을 따지고 있었기 때문에 특사들의 활동은 대답 없는 메아리에 불과할 따름이었다.

끝내 특사들은 결국 회의에 공식적으로 참가하지 못하였다. 그러나 그들은 국제여론을 통해 일본의 침략과 한국의 요구 사항을 각국 대표들에게 알려 한국 문제를 국제정치문제로 부각시키고자 하였다.

국제여론에 호소하다

특사들이 만국평화회의에 참석하기 위해 사방으로 애쓰는 모습을 안타까운 심정으로 지켜본 사람들은 당시 각국 기자들이었다. 각국 기자들은 특사들의 활동사항을 연일 보도하는 등 큰 관심을 보였다. 이에 특사들도 신문·잡지 등을 통해 한국의 주장을 국제여론에 호소하고자 하였다. 특히 영국 언론인으로 국제협회 회장인 윌리엄 스테드Stead, W.T의 후원을 얻어, 국제협회 회보인《평화회의보Courrier de la Conference》에〈장서〉전문을 게재하였다. 또한《평화회의보》는 특사들의 활동을 관심 있게 보도하였다. 1907년 6월 30일자에〈무슨 이유로 한국을 제외하였는가?〉라는 논설을 실어 특사들의 활동을 자세히 다루었다.《평화회의보》는 평화회의 공식 간행물은 아니지만, 회의에 관한 기사만을 다룬 신문이었다. 그러므로 각국 대표들과 유럽 각국에 널리 읽혔기 때문에 그 영향은 적지 않았다. 그 결과《런던 타임즈》와《뉴욕 헤럴드》신문에 전재되어, 일본이 위장한 한국문제를 세계에 알려 일본 대표나 그들 본국의 총리

헤이그 만국평화회의가 열린 빈덴호프궁전

내신, 조선 통감 등을 난처하게 만들었다. 비록 특사들이 일본의 방해와 다른 열강들의 외교적 외면으로 회의 참석은 거부되었으나, 구미여론에서 한국 문제를 널리 알리는 계기가 되었던 것이다.

특사들의 이와 같은 활동은 각국 신문기자단의 마음을 움직이는데 충분하여 그들의 관심을 이끌어 냈다. 1907년 7월 9일 특사들은 기자단의 국제협회에 초청되었다. 이 회합은 평화회의의 공식 석상에서는 없는 각국외교문제까지도 취급했기 때문에 평화회의의 각국 대표는 물론 이름난 언론인과 각국 수행원 및 기자들까지 참석하였다. 국제협회 회장 스테드가 사회를 보았으며, 한국 대표를 지지하는 입장에서 소개를 한 후에, 이 자리에서 이위종은 유창한 프랑스어로 '한국의 호소A Plea for Korea'라는 주제로 열변을 토하였다. 이위종의 연설로 감명을 받은 참석자들은 즉석에서 한국의 입장을 동정하는 결의안을 만장의 박수로 의결하기도 하였다. 이와 같은 감격적인 정황을 헤이그에서 발행하던 《Haagsche Courant》지는 다음과 같이 보도하였다.

이준 이상설 이위종으로 이뤄진 한국대표단은 지난밤 프린세스그라트 6A에서 국제협회의 귀빈이 되었다. 저명한 인사들을 포함한 관심있는 많은 사람들이 Binnenhof의 평화회의에서 들을 수 없던 것, 즉 한국독립이 폭력적 파괴에 대한 한국인의 호소를 들으려고 기다리고 있었다. William T. Stead의 한국 최근 역사에 대한 간략한 언급이 있었다. 그는 네덜란드가 한국이 초청되지 않은 것 것에 책임은 없으나, 이것은 단지 장해되어진 폭력의 논리적 결과라고 지적했다. 새까만 머리와 황색피부를 지니고 매우 연민적으로 보이는 젊은 사람인 이위종은 Java인과 매우 유사하게 보였으며 유럽사람들에게 그들이 잘 교육받은 일본인들을 알고 잇는 것처럼 일본인의 잔학성과 무신의성無信義性을 알리고자 하였다.…

이위종의 연설은 《The Independent》 8월호에 영문 요약으로 게재되기도 하였다. 이때 통역 담당을 보내달라는 정순만의 부탁을 받은 박용만의 추천으로 재미한인으로 샌프란시스코 한인감리교회 목사 윤병구와 송헌주 등이 7월 초순에 헤이그에 도착하여 일행을 도왔다. 윤병구는 경기도 양주 출생으로, 기독교 선교사의 자격으로 미국에 건너가

1905년 하와이에서 감리교 신도들과 신민회를 조직, 한인사회의 단결과 독립운동 지원을 적극 홍보하는 한편, 《시사신보》를 창간하여, 재미교포들의 애국심 고취에 힘쓰고, 1907년 헤이그에서 열린 만국평화회의에 파견된 것이다.

송헌주는 경기도 고양 출신으로, 서울에서 관립영어학교를 졸업한 뒤, 하와이 이민 길에 올라, 1905년 감리교한인교회 목사로 있으면서 《한인기독교회보 Korea Christian Advocate》를 발간하고, 한인상조회를 조직해 회장으로 활동하면서 하와이 지역의 한인 자치에 힘썼다. 이후 미국 본토로 건너가 버지니아주에서 대학에 다니던 중, 1907년 7월 헤이그 만국평화회의에 참가하여 통역관으로 활약하였다.

이렇듯 국제협회에서 연설이 있은 후에, 각국 신문에서 매일 같이 한국의 사정을 알려, 한국을 돕자는 여론이 일기도 하였다. 그러나 특사들의 노력에도 불구하고 각국 대표들은 바쁘다는 핑계로 아무런 반응을 보이지 않았다. 당시 약육강식의 논리가 지배하는 모습을 극명하게 보여주는 것이라 하겠다.

헤이그에서 순국하다

한국 특사들은 일본의 방해와 각국의 입장 때문에 호응을 얻지 못하자, 이준은 분함을 이기지 못하여 음식을 끊기에 이르렀고, 7월 14일 돌연 순국하였다. 이준은 뺨에 종기를 앓긴 하였으나, 그것이 직접적 사인死因은 아니었다. 일본에 의해 자행된 폭력적인 잔인한 재앙에서 나라를 지

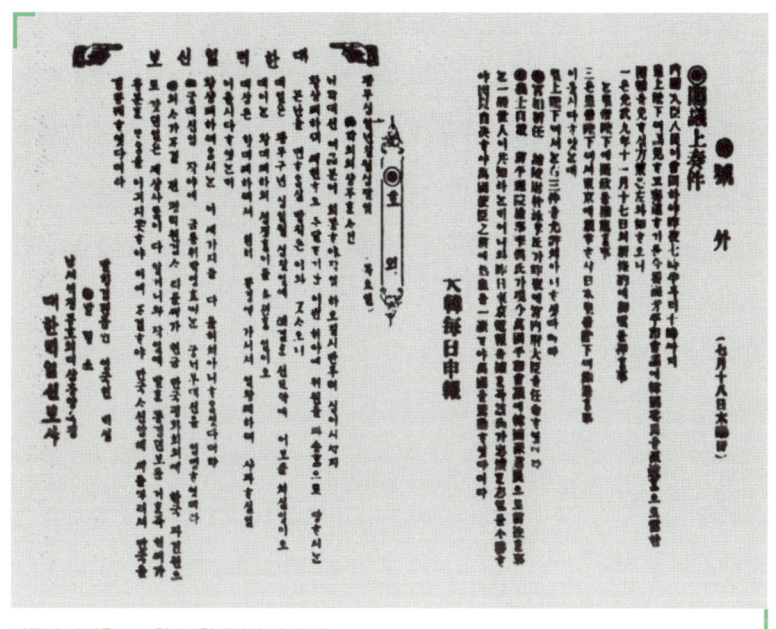

이준의 자결을 보도한 《대한매일신보》 호외

키지 못한 근심이 분통이 되어 화가 나고 기가 막혀 음식을 끊게 되었고, 그로 말미암아 마침내 병을 생겨 갑자기 죽음에 이른 것이었다. 이준이 운명하던 날 그는 의식을 잃은 것처럼 잠들어 있었다. 그러다가 갑자기 벌떡 일어나더니 부르짖었다. "우리나라를 도와주십시오. 일본이 우리나라를 짓밟고 있습니다!" 이것이 그의 마지막 유언이었다.

이는 즉각 국내에 전해졌고 신문들은 만국평화화의 소식과 함께 이준의 순국소식을 보도하였다. 그런데 국내에 알려진 것은 이준이 할복자살하였다는 내용이었다.

그동안 이준의 순국사인으로는 자살설과 병사설 두 가지 설이 대립되었다. 네덜란드 대표언론 《데 텔레그라프De Telegraaf》는 1907년 7월 17일 자에서 "이준은 볼에 종기를 앓고 있었고 이를 수술로 제거했는데 불행하게도 이 수술의 충격으로 죽음을 맞이하게 됐다"고 보도한 반면, 《황성신문》과 《대한매일신보》는 이준이 죽은 지 사흘이 지난, 1907년 7월 18일자 호외를 발간, 이준 열사가 자결했다고 보도했다. 한국 언론의 정식보도는 7월 19일자에 게재되었다.

금번 해아만국평화회의에 이상설·이준·이위종 제씨 등이 참여고자 하다가 거절을 당하였다 함은 본보에 이미 게재하였거니와 다시 들은즉 그 3명 중에 이준씨는 분격을 이기지 못하여 자기의 복부를 할부자처割剖自處하였다는 전보가 동우회同友會 중中으로 도착하였다는 설이 있다더라.

―《황성신문》 1907년 7월 19일자

전 평리원 검사 이준씨가 현금現今 만국평화회의에 한국파견원으로 전왕前往한 사事는 일세인一世人이 공화共和하는 바이거니와 작일 동경정보를 거한즉 해씨가 충분忠憤한 지기志氣를 불승不勝하여 자결하여 만국사진지전 만국사신지전萬國使臣之前에 열혈熱血을 일쇄一灑하여 만국萬國을 경동驚動하였다더라.

―《대한매일신보》 1907년 7월 19일자

그러나 당시 발행된 사망 진단서에는 사인死因이 없다. 1907년 7월

14일 한국에서 온 이준이라는 이름의 한 기혼 남성이 죽었다는 내용이 전부다. 일본 대표로 평화회의에 참석한 스즈키 대사는 7월 17일 이준의 사망 사실을 알리는 친필 서한에서 단독丹毒(상처에 세균감염)에 의한 사망설과 자살설 두 가지 모두 말한 것으로 기록했다.

이상설의 기록에 따르면, 이위종의 국제협회에서의 연설 이후 각국 신문이 매일같이 한국사정을 논의하여 일본을 눌러 한국을 돕자는 '억일부한抑日扶韓'의 여론이 일어남에도 불구하고 각국 위원은 공례公例를 빙자하여 막연히 응하지 않았다. 그러므로 이준은 '우분울읍憂憤鬱(근심하며 분하게 여겨 막혀)'하여 음식을 끊기에 이르렀고 그로 말미암아 병이 생겨 7월 14일에 '불행자정不幸自靖하였다《이상설일기초》'고 밝히고 있다.

이러한 이준의 자정自靖에 대한 이위종은 다음과 같이 증언하고 있다. 이위종은 이준이 순국하였다는 소식을 듣고, 7월 18일에 헤이그로 돌아와 20일자의 헤이그《평화회의보》에 다음과 같은 내용을 게재하였다.

이준을 잃는 것은 내게 큰 손실이나 그 보다는 우리나라로서 아주 큰 손실이다. 그는 강철같은 체력의 소유자였다. 그러나 일본의 무도無道가 그의 애국혼을 너무나 상하게 해서 더 이상 목숨을 부지할 수가 없었다. 종기를 앓기는 하였으나 그것은 별로 중요한 것이 아니었다. 이준은 죽기 전까지 여러날 동안 아무 음식도 들지 않았다. 운명하던 날 그는 의식을 잃은 것처럼 잠들어 있었다. 그러나가 갑자기 벌떡 일어나더니 부르짖었다. '우리나라를 도와주십시오. 일본이 우리나라를 짓밟고 있습니다!' 이것이 마지막 유언이었다.

비록 이준이 할복자살한 것은 아니지만 스스로 음식을 끊고 자정自靖한 순국 열사였던 것이다.

한편, 이준의 사인에 대해서 해방 직후 정인보가 할복한 것이 아니라고 주장한 이후 논란은 계속되었다. 이에 1956년 7월 당시 문교부 장관이 그 진상을 정확히 조사하도록 국사편찬위원회와 학술원 원장 윤일선 박사에게 정식으로 요청하기에 이르렀다. 국사편찬위원회에서는 이준사인조사위원회를 구성하여 국내외 자료를 수집하였다. 국사편찬위원회에서는 이를 토대로 분석하여, 1962년 할복자살이 아닌 쪽으로 결론을 냈고, 1963년부터는 교과서에 순국으로 기술토록 하였다. 하지만 여전히 논란은 계속되고 있다.

이준의 장례는 순국한 지 3일 지난 뒤에 7월 16일 거행되었다. 그러나 그의 장례식에는 이상설과 호텔 주인 외에 사람이 없었다. 이위종은 이준이 순국하기 전에 이범진을 만나기 위해 성 페테르부르크로 돌아갔기 때문에 참석하지 못하였다. 이준은 헤이그의 아이큰다우 공동묘지에 임시로 묻혔다.

그 다음날인 7월 17일에 고종의 밀사로 미국에 파견되었던 헐버트가 헤이그에 도착하였다. 그 뒤 이상설과 이위종은 헐버트와 앞으로의 일을 논의하여, 헤이그를 떠나 미국으로 건너갔다.

그 뒤 1907년 9월 5일 이상설·이위종이 구미열강의 순방 외교 중에, 윤병구와 이준의 사촌동생 이운을 대동하고 다시 헤이그에 들렀다. 가묘장한 이준의 묘를 정식으로 안장하기 위해서였다. 먼저 이상설은 102달러 75센트를 지불하고 Nieuw Eik en Duinen의 영구묘지 사용

계약을 맺고, 이곳으로 이장하였다. 비문에 이상설이 '李儁'이라는 이름자를 썼고, 이위종이 영문으로 비문을 '1859년 한국 북청에서 출생하여, 1907년 화란 공화국 헤이그에서 순절하다'라고 썼다. 이준의 장례식을 보도한 《Haagsche Courant》 1907년 9월 6일자 신문에 다음과 같이 그날의 상황을 적고 있다.

이준의 한자 이름은 이상설이,
영문은 이위종이 썼다.

오늘 아침 Nieuw Eik en Duinen 공동묘지에서 한국 특사의 일원으로 평화회의 개최 직후 죽은 이준의 유해가 묻혔다. 열려진 묘지 주위에는 특사의 일행들과 죽은 사람의 동생인 이운이 있었다. 헤이그의 청년기독협회의 의장인 맥케이 A.E Baron Mackay는 극동에서 온 황국기독청년회 The Christan Young People's Club의 회장이었던 그 사람을 추조하는 말을 했고, 그후 한 한국인이 한국어로 찬송가를 불렀다. 특사의 수석은 고인을 '조국 독립을 위한 투사'로 추도하였다. '우리의 절친한 친구와 형제에게'라고 적힌 리본이 매달려 있는 화환이 뒤쪽에 있었고, 그 화관이 땅에 놓여지면서 장례식이 끝났다. 앞서 보도한 바와같이 헤이그의 바겐슈트라트가의 융호텔에 머물렀던 한국의 특사들은 오늘 저녁 페테르부르크로 떠났다.

이상설은 다음과 같은 시를 읊어 이준의 충혼을 기리었다.

고고한 충골은 하늘을 푸르게 갈아내는데	峻惺忠骨碧磨天
큰 화가 거연히 눈앞에 떨어져	大禍居然落眼前
나랏일은 아직 이루지 못하고 그대 먼저 죽으니	國事未成君已死
이 사람 혼자 남아 흐르는 눈물이 배안을 가득 채우는 구나	獨生此漢淚盈舶

— 국사편찬위원회 편, 《한국독립운동사》 1, 185쪽.

한편 일제는 헤이그 특사를 빌미로 고종 황제를 물러나게 하는 데 혈안이 되었다. 1907년 6월 말 이토 히로부미는 "이번 사건은 오로지 황제 폐하에게 모든 책임이 있으며, 아울러 그 처사는 일본에 대하여 공연히 적의를 표한 협약위반을 면치 못하며, 이에 일본은 한국에 대하여 선전포고할 권리가 있다."며 고종 황제를 위협하였다.

7월 3일 이등박문은 고종 황제를 알현하고, 기세도 당당하게 궁궐을 자기 마음대로 드나들며 온갖 횡포를 자행하였다. 그리고 이등박문은 이완용 총리를 불러 힐책하고 특사 사건은 전적으로 고종 황제 자신이 책임져야 한다며 재삼 강조하였다. 그리고 이토 히로부미는 일본 총리 사이온지西園寺에게 헤이그 특사 사건에 대해 "선후책을 어떻게 할 것인가를 본관에게 밀지를 내려 한국 황제의 신상을 돌볼 것 없이 퇴위도 불사할 것"이라며 전문을 보냈다.

이에 일제는 이토 히로부미에게 "지금 기회를 놓치지 말고 한국 내정에 관한 전권을 장악할 것이며, 그 실행을 현지 상황을 참작할 필요가 있으므로 통감에게 일임한다."고 회신하였다. 일제는 헤이그사건을 구실로 한국의 식민지화를 앞당기려는 속셈을 드러낸 것이다. 이를 추진하기 위해 7월 15일 외무대신 하야시를 한국으로 급파하였다.

총리대신 이완용은 다급하게 내각회의를 열고 4시간 동안 긴급각료회의를 주재하여, 고종 황제가 양위하는 것이 시국 수습에 가장 좋은 방안이라고 결정하였다. 이완용은 그 즉시 고종 황제를 찾아가 헤이그특사 사건으로 일본 조야의 여론이 비등하여 격분해 있으므로, ① 을사늑약에 옥새를 찍어 추인한 일, ② 섭정을 펼 일, ③ 황제께서 친히 일본으로 건너가 일본 황제에게 사과할 일 등을 요청하였다. 그러나 고종 황제는 이를 완강히 거절하였다. 이완용은 일제의 책임추궁만을 두려워하였지, 국가나 황제의 위신은 생각하지 않고 황태자에게 양위할 것을 요구하였던 것이다. 7월 20일 고종 황제는 신기선·민영휘 등 원로 중신들과 여러 시간 논의 한 끝에 퇴위 외에 다른 방법이 없다는 것을 깨닫고 퇴위하지 않을 수 없었다.

그리고 일제는 8월 9일 궐석재판을 열고 정사인 이상설에게는 사형, 부사인 이준과 이위종에게는 종신징역을 선고하였다. 이 땅에 없는 이준을 법정에 세우고 그에게 종신징역을 선고한 것이다.

이준, 순국 후 55년만에 돌아오다

이준이 분사했다는 소식은 국내외 한국인들에게 큰 반향을 불러일으켰으며, 애국심을 고취시키는 계기가 되었다. 이런 와중에 그가 순국한 지

9개월이 지났을 무렵, 1908년 4월 김현두·이규악·신해환 등은 헤이그에 묻힌 이준의 유해를 고국으로 봉환하기로 결의하고, 이에 필요한 경비를 마련하던 중 불행히도 경시청에 발각되어 무산되고 말았다. 그 뒤 이준의 유해 봉환 문제는 한국이 일제의 식민지로 전락하면서 더욱 어려워졌지만, 그의 나라 사랑하는 정신은 독립정신으로 이어졌다.

특히 1911년 러시아 블라디보스토크 신한촌에서 설립된 권업회는, 이준과 같이 헤이그 특사로 활동하였던 이상설이 의장을 맡고, 부의장에 이종호가 선임되어 회무를 총괄하면서, 〈고 이준공 전기간행 유족구휼의연금 모집회〉를 만들었다. 이준의 전기를 간행하여 유족을 구휼하기 위해 의연금 모집에 나서게 된 것이다. 이를 위해 연설회를 개최하고, 기관지 《권업신문》 매호마다 광고를 게재하며 의연금을 모집하였다. 뿐만 아니라 모집회는 미주에 있는 신한민보에 편지와 설립취지서를 보내 이를 게재해 줄 것을 요청하기도 했다. 그 결과 1여년 만에 1천 원이라는 의연금을 모아, 700원은 이준의 유족인 장남 이종승에게 전하고 그 나머지는 이준의 전기를 간행하는데 쓰였다. 또한 권업회는 매년 이준의 기일에 맞춰 기념식을 거행하며 그를 추도하였다.

임시정부는 《독립신문》을 통해, "자아自我를 희생한 자를 참 생명을 가진 사람 참 가치 있는 사업이라 하여, 오인吾人은 찬양하며 숭배하여 오인吾人은 중衆을 위하여 노력한 워싱턴, 링컨 등 위인을 흠선欽羨케 되었으며 공익을 위하여 아니 중생을 위하여 자아를 희생하신 이준과 안중근 기타 모모 의사들을 항상 찬양하며 숭배하게 되었다."며 그의 정신을 본받아 조국 광복에 노력할 것을 주문하였다.

1945년 8월 해방 이후 이준을 추모하는 사업이 본격화되었다. 1946년 5월, 처음 맞는 이준열사 기일인 7월 14일에 추념대회를 열기위해, 좌·우 이념을 떠나 많은 정치인들이 뜻을 같이 하여 〈이준열사추념대회준비위〉를 구성하였다. 준비위의 고문에는 이승만·여운형·허헌 등이, 위원장은 홍명희, 부위원장에는 한시대·이영 등이 맡았다. 이를 계기로 이준열사 강연회가 개최되는가 하면, 그를 주제로 한 연극이 공연되기도 하였다. 1946년 7월 14일, 이준열사 추도식이 이승만과 김구 등이 참석한 가운데 천도교당에서 엄숙하게 진행되었다.

1946년 9월 준비위가 해산되고 그 뒤를 이어 일성회一醒會가 새롭게 발족하면서 그 사업을 이어갔다. 일성회는 첫 사업으로 이준의 유지와 애국사상을 보급할 목적으로 그리고 자주독립 정신을 고취하기 위해, 이준의 초상과 약전略傳을 각 학교와 사회단체에 실비로 배포하였다.

1947년에 들어서 이준을 기리는 사업이 더욱 활기를 띠었다. 당시 정국은 찬탁과 반탁으로 얼룩져 좌·우가 이념논쟁으로 국론이 분열된 상황이었는데, 이준의 애국심을 지도자들에게 심어주고자 한 것이다. 즉 이준을 통해 다시 한 번 진정으로 나라를 위하는 길어 어떤 것인지를 깨닫게 해주고자 한 것이다. 이를 위해 1947년 8월 체신부는 이준의 순국 41주년을 기념하기 위해 기념우표를 발행하였으며, 같은 해 9월에는 〈일성이준선생기념사업협회〉가 결성되었다. 당시 사업협회에서는 김창숙을 회장으로 선출하고, 1억 원을 예산으로 기념관 건립, 일성대학 설립, 동상 건립 등 사업계획을 세웠으나, 어찌된 일인지 유야무야 되고 말았다.

그 뒤 1948년 8월, 네덜란드에서 이미 백사장으로 변하여 없어진 줄

고국으로 돌아온 이준 유해(1963. 9. 30)

알았던 이준의 분묘와 비석이 발견되었다는 소식이 국내에 전해지면서, 해방 이후 처음으로 이준의 유해 봉환문제가 거론되기 시작하였다. 당시 사업협회는 네덜란드 동아상선 측과 유해 운송문제를 해결하는 등 봉환문제가 원만히 해결되는 듯 하였으나, 그만 무산되고 말았다. 그 뒤 1949년 전국애국단체연합회가 순국선열들의 업적을 찬양하는 기념사업을 추진하기 위해 순국선열기념사업전국위원회를 구성하고 이준 유해를 모셔오고자 하였으나 이마저도 계획에 그치고 말았다.

1955년 사단법인〈일성이준열사기념사업회〉가 창설되면서 이준을 기리기 위한 사업들이 좀 더 체계적이고 계획적으로 이뤄지게 되었다.

이준의 유해는 국민장으로 성대히 치러졌다(1963. 10. 4)

그리고 1962년에 대한민국 건국공로훈장(대한민국장)이 추서되면서, 이준의 유해 봉환문제가 본격적으로 논의되기 시작하였다. 정부는 네덜란드 정부와 이준 유해 봉환 문제를 협의해 가는 한편, 기념사업회에서는 묘소 후보지로 서울 수유리에 있는 해공 신익희 묘소 옆에 4,600평의 대지를 마련하였다.

1963년 9월 26일, 백선엽 주불대사(화란대사 겸임)와 한국전 참전 용사 그리고 화란군 장교 4명이 지켜보는 가운데 이준열사 헤이그 묘소의 발굴 작업이 시작되었다. 9월 30일 헤이그의 뉘애크 엔다운 시립묘지에 안장되어 있던 이준의 유해는 순국 후 55년 만에 반쪽이 된 고국으로 돌

이준의 유해가 안장된 수유리의 이준 묘소

아왔다. 그리고 1963년 10월 4일, 국민들의 애도 속에 이준 유해는 국민장을 치러졌고, 서울 수유리 선열묘역에 안장되었다.

그 뒤 이준의 숭고한 정신을 만세에 기리기 위해, 1964년 서울 장충단 공원에 이준 동상이 건립되었다. 한편 1972년에는 유해가 묻혀 있던 헤이그 묘소에 열사의 흉상과 '일성이준열사의 묘적'이라 새겨진 비석이 건립되었고 이준의 활동과 순국에 관한 안내문도 부착되었다. 1977년 외무부는 헤이그 묘적지를 확장하고 정화하기도 하였다. 1988년에는 헤이그의 이준열사묘적지에서 자란 '루소니아 화백나무' 세 그루를 식목일인 4월 5일 독립기념관 경내 광복동산에 옮겨 심어 그의 정신을 되새

장충동에 세워진 이준 열사 동상(1964)

정부에서 헤이그의 이준 묘역을 정화한 후의 모습(1977)

기도 하였다. 1992년 수유리 이준 묘원에 북청군민회 부회장 차동수의 성금으로 〈자유평화수호의 상〉이 건립되었다.

이러한 사업은 국내뿐만 아니라 네덜란드 현지에서도 이루어져, 1991년에 일성이준열사추념식준비위원회(회장 이기환)가 조직되었으며, 헤이그 현지에서 처음으로 추념식이 거행되었다. 특히 광복50주년인 1995년에 각계의 후원으로 열사가 순국하신 헤이그 현지의 융호텔을 확보하여 이준열사기념관을 건립하였다.

건물의 전면 출입구에는 '이준열사기념관' 간판이 걸려 있으며, 건물의 2층과 3층 사이에는 영어로 'YI JUN PEACE MUSEUM'이라 새겨져 있고 태극기가 게양되었다. 건물 내부 2, 3층 전체를 기념관·자료관

1995년 각계의 후원으로 이준 등이 묵었던 융 호텔에 마련된 헤이그 이준열사 기념관

으로 활용 중에 있으며, 세 밀사의 생애와 활동 및 평화회의에서의 활약 등과 이와 관련된 다양한 자료들을 전시하고 있다. 네덜란드를 여행하는 한국인들의 명소로 알려져 애국심을 다시금 일깨워주고 있다.

이러한 이준의 선양사업은 남쪽에서 뿐만 아니라 북한에서도 이뤄지고 있다. 오늘날 남과 북 양쪽에서 이념에 상관없이 존경받는 인물이 그리 많지 않은 현실에서 이는 매우 고무적인 일이다. 북한에서는 6·25전쟁 당시 북청에 있던 이준의 생가를 기와집으로 개축하여 교육의 장으로 삼고 있다. 그리고 이준의 중요한 유품은 북한의 대표적인 박물관으로 평양의 만수대에 있는 조선혁명박물관에 전시되고 있다.

2007년, 이준 순국 100주년을 맞이하게 되었다. 현재 한국은 진보와

보수의 이념 논쟁이 뜨겁게 전개되고 있으며, 국론 분열 양상까지 보이고 있다. 그 어느 때 보다 나라를 위하는 진정한 마음이 필요할 때, 이준이 떠오르는 것은 괜한 상념이 아닐 것이다. 앞으로 기념사업회가 의욕적으로 추진하려는 이준 기념관인 호법관護法館 건립과 〈이준 상像〉 제정 등이 그러한 몫을 충분히 해내리라 본다.

이준, 그는 비록 짧은 마흔 아홉 해를 살다 갔지만, 그의 숭고한 정신과 불의에 항거하고 정의를 펼치고자 하였던 그의 절개는 대한민국의 국민들 가슴 속에 영원히 간직될 것이다.

사람이 산다함은 무엇을 말함이며
죽는다 함은 무엇을 의미하는가
살아도 살지 아니함이 있고 죽어도 죽지 아니함이 있으니
살아도 그릇 살면 죽음만 같지 않고 잘 죽으면 오히려 영생한다.
살고 죽는 것이 다 나에게 있나니 모름지기 죽고 삶을 힘써 알지어라.

— 이준의 유훈 중에서 —

이준의 삶과 자취

1858	12월 18일. 함경남도 북청군 속후면 중산리 발영동에서 선친 이병관李秉權, 자당 청주 이씨 사이에서 독자로 출생. 처음 이름은 성재性在라 불림
1861	7월 7일. 선친 별세. 7월 12일 자당 별세
1864	조부 명섭命燮, 숙부 병하에게 취학
1865	서당에서 글공부 시작
1870	이름을 선재璿在라 개명. 북청 향시에 응시. 주만복의 장녀와 결혼
1875	2월. 서울로 올라와 북청 물장수들이 운영하는 수방도가에서 생활 6월. 운현궁의 흥선대원군을 찾아가 당시 현안이었던 개항문제에 대해 의견을 들음. 김병시金炳始의 문객이 됨. 김병시가 북해상에 빛나는 옥같은 사람이 되라는 뜻에서 해옥海玉이라는 호를 지어줌
1876	최익현을 찾아가 강화도조약의 반대의견을 개진. 강화도조약의 철회를 주장하다 흑산도로 유배 가는 최익현을 남산 밖까지 배웅
1879	5월. 일본 대리공사 하나부사花房義質가 원산 개항을 요구하자, 한국 측 협상자인 강수관 홍우길洪祐吉을 찾아가 개항 불가론을 피력
1884	김병시의 아들과의 불화로 북청으로 낙향
1885	장녀 송선松鮮 출생
1887	가을 북청 향시(초시)에 합격함. 노덕서원 유생들의 추천거부로 복시에 응시하지 못함
1888	6월. 함경감사 조병식趙秉式에게 청하여 노덕서원 원생들의 작폐를

이준의 삶과 자취 **219**

	시정해 달라는 소장을 올림. 노덕서원의 민정중 위패를 모셔와 별원을 만들기로 함
1889	봄. 북청부사 김유성과 합의하여 북청 노정봉 아래에 경학원 설립. 2천 여평의 토지를 희사하여 경학원 안에 사당을 세우고 민정중의 영정을 봉안
	장자 종승鍾乘(후에 용鏞으로 개명) 출생
	가을. 다시 서울로 올라와 이시영·이상설 등 명망가 자제들과 친교를 맺게 되면서 개화에 눈을 뜨게 됨
1893	이화학당 출신인 평동 이씨 이일정李一貞과 결혼
1894	8월. 함흥에 있는 태조 이성계의 조부인 이춘 비인 경비의 능을 지키는 순능참봉純陵參奉에 임명됨
1895	3월. 순능참봉직을 그만 둠
	4월. 법관양성소에 입학
	11월. 6개월 과정을 마친 뒤 법관양성소 졸업
1896	2월. 한성재판소 검사시보에 임명됨. 얼마 뒤 아관파천이 일어나 일본으로 망명. 검사시보에서 면관됨
	9월. 동경전문학교(와세다대학교 전신) 법률학과에 입학
1898	9월. 김병시의 부음 소식을 받고 2년 6개월 만에 귀국. 독립협회에 가입
	10월. 민영환·박정양 등과 함께 관민공동회를 열어 개혁운동을 전개함
	11월. 독립협회 간부 20여 명이 구속되자, 이승만·장지연 등과 함께 이들을 구출하기 위해 만민공동회를 개최
1899	1월. 독립협회 해산 이후, 400여 명의 독립협회 회원들과 함께 체포, 구금됨. 10월 차녀 종숙鍾肅 출생

1900	장녀 송선, 조시범의 장손 건학鍵學과 결혼
1902	영일동맹이 체결되자, 민영환·이상재·이상설·이동휘·양기탁 등과 비밀결사 개혁당을 조직하여 친러파를 제거하고 정권을 잡고자 함. 사전에 눈치를 챈 친러파에 의해 1902년 6월 이상재가 한성감옥에 투옥되면서 계획이 수포로 돌아감
1904	2월. 이준으로 개명. 러일전쟁이 일어나자, 정순만과 함께 아시아연대론에 의한 황인종과 백인종 간의 대결로 인식하여 일본군을 돕기 위해 대한적십자사를 조직하여 휼병비恤兵費 모금운동 전개 3월. 모금운동을 전개하다 체포되어 한성감옥에 투옥되다. 한성감옥에서 훗날 민족운동을 함께 할 유성준·이원긍·이승만 등 동지들을 만남 4월. 첫 재판에서 곤장 80대 선고 받음 6월. 선고에 불복하여 항고하였으나 패소하여 형 집행을 받고 석방됨 7월. 일제가 황무지 개척권을 요구하고 나서자, 대한보안회를 조직하여 반대운동을 전개 9월. 대한보안회가 칙령으로 해산되자, 다시 대한협동회大韓協同會를 조직하여 황무지개척권 요구 반대운동을 계속함. 그 결과 일본 공사에게서 황지문권荒地文券을 빼앗는 등 성과를 거뒀으나, 무고로 투옥됨. 얼마 뒤 고종 황제의 특사로 풀려남 12월. 나유석·이원직 등 보부상들이 조직한 진명회를 공진회라 개칭하고 회장에 선출되어 친일단체 일진회에 대항하였으며, 불법으로 재산권에 피해를 입은 백성들을 구제하기 위해 법률구제사업을 펼침. 또한 무당과 점쟁이로 관직에 오른 인사들을 축출하기 위해 숙청궁금肅清宮禁을 주장하고 무당세도가 이유인 등을 체포하여 평리원에 넘김. 이 사건으로 나유석·윤효정·윤하영 등과 함께 투옥됨

1905	1월. 숙청궁금 사건으로 황해도 철도로 유배됨
	2월. 민영환·이용익 등의 간청과 알선으로 고종 황제의 특사로 풀려났지만, 공진회는 해산 당함. 이때 부인 이일정 여사는 생활문제를 독자적으로 해결하기 위해 돈의동의 집을 팔고 안현동(현재 휘문여고 정문 앞)으로 이주하여 부인상점이라는 간판을 걸고 장사를 시작
	3월. 동대문 안에 있는 연동교회에 입교한 뒤, 연동교회 신자들을 중심으로 조직된 국민교육회에 참여.
	5월. 공진회 회원이었던 윤효정·양한묵 등과 함께 헌정연구회를 조직하여 반일진회 운동 전개
	9월. 미국 대통령 루스벨트의 주선으로 러시아와 일본 간 포츠머스 강화회의가 열리고 있을 때, 그의 영애 앨리스 양이 한국에 건너오자 민영환 등과 함께 한미공수동맹을 제안함. 포츠머스 조약에 따른 일본의 대한정책을 살피고자 일본으로 건너 감
	10월. 일본이 제2차 영일동맹과 포츠머스 조약을 통해 한국을 식민지로 만드려고 한다는 정보를 입수·귀국하여 민영환과 대책을 논의한 뒤, 상해로 건너가 그곳에서 민영찬·헐버트 등을 만나 일제의 만행을 전 세계에 알려 국제여론을 환기시키고자 함. 손자 열洌이 출생
	12월. 민영환이 을사늑약 체결에 저항하기 위해 자결하였다는 소식을 듣고 급히 귀국. 상동교회의 전덕기 목사가 이끄는 전국 감리교회 엡윗청년회 연합회에 참가하여, 최재학·정순만·김구 등과 함께 을사늑약 반대와 오적격토운동 전개
1906	3월. 국민교육회 회장으로 선출됨. 국민교육회를 모태로 설립된 보광학교普光學校(야간제) 교장 겸임. 《신찬소물리학》·《대동역사학》·《초등소학》 등 교과서 편찬
	6월. 평리원 검사에 임명됨

	9월. 보광학교를 주간제로 전환하여 고등보통학과를 신설.
	10월. 오상규·이동휘·이종호 등과 더불어 관북지방 중심으로 하는 한북흥학회를 조직
	12월. 을사늑약에 반대하며 자결한 '7충신' 추도회를 개최.
1907	2월. 고종 황제의 특사령에 따라, 을사늑약 체결에 관여한 을사5적 대신들을 처단하려다 체포된 나인영·기산도 등을 석방시키려다, 친일파 법부대신 이하영의 반대로 무산됨. 이에 그 부당함을 논박하며 실무자를 고소하였지만, 오히려 상관에 불복종하였다 하여 재판에 회부됨
	3월. 태형 100을 선고 받았으나, 고종 황제의 명에 의해 태형 70으로 감형되었으나, 법부대신 이하영에 의해 검사직에서 파면됨. 제2차 만국평화회의 개최 소식을 듣고 전덕기·이회영·이동휘·안창호·김구 등과 대책을 협의함. 고종 황제를 비밀리에 만나 만국평화회의 참석 의견을 전달하여 고종 황제로부터 윤허를 받음
	4월 1일. 만국평화회의 특사 파견 준비를 하면서 국채보상운동을 주도할 국채보상연합회의소를 조직하여 소장에 선출됨
	4월 20일. 대한자강회 주최로 열린 연설회에서 '생존경쟁'이란 주제로 연설
	4월 22일. 나유석과 함께 남대문역에서 부산으로 출발
	5월 9일. 배편으로 블라디보스토크에 도착. 한인사회에서 부호였던 김학만의 집에 머뭄. 정순만은 특사들의 자금을 조달하기 위해 한인들로부터 2만원 모금. 전보를 받고 북간도에서 블라디보스토크로 넘어온 이상설과 만남
	5월 21일. 페테르브르크로 출발
	6월 4일. 보름만에 러시아 수도 쩨쩨브르크에 도착. 러시아공사

이범진과 이위종을 만나 특사활동에 대해 대책을 논의. 전 러시아주한공사를 지낸 파블로프 주선으로 러시아 황제 니콜라이 2세를 만나 고종 황제의 친서를 전달. 이위종의 도움으로 만국평화회의장에 가지고 갈 장서와 공고사를 불어로 번역, 인쇄

6월 25일. 만국평화회의가 개최되는 헤이그에 도착. 제1분과위원회에 출석하여 한국정부의 기능을 마비시키고 외교적 활동을 막는 일본의 비합법성에 관한 전반적인 문제가 의제로 다뤄지도록 요청하였지만, 정치적인 문제는 다루지 않는다는 이유로 거절당함

6월 27일. 성명서와 〈일인불법행위〉 소책자를 평화화의 의장과 일본을 제외한 각국 대표에게 전달하였으며, 《평화회의보》에 전문 게재

6월 29일. 만국평화회의 의장 넬리도프를 방문하여 회의 참석을 요구하였으나 일본 측의 방해 작전으로 거절 당함

6월 30일. 미국·영국·프랑스·독일 등 각국 대표들을 만나 회의 참석을 요구하였으나 모두 거절당함

7월 9일. 각국 기자단의 국제협회에 초청됨. 이위종 프랑스어로 '한국의 호소'라는 주제로 열변을 토함

7월 14일. 분함을 이기지 못하여 순국

7월 16일. 장례식 거행되어 아이큰다우 공동묘지에 임시로 묻힘

9월 5일. 이상설·이위종이 구미열강 순방 중에 네덜란드에 들러 이준의 묘소를 Nieuw Eik en Duinen으로 옮김

1962	대한민국장 서훈
1963	10월. 고인의 유해는 순국 후 55년만에 반쪽이 된 고국으로 돌아와, 서울 수유리 선열묘역에 안장됨

자료

- 《황성신문》, 《대한매일신보》
- 독립운동사(국가보훈처) 1·7권
- 독립운동사자료집(국가보훈처) 3권
- 명치백년사총서(김정명) 3권
- 송상도, 《騎驢隨筆》
- 유자후, 《李儁先生傳》
- 장지연, 《韋庵文稿》
- 정교, 《大韓季年史》
- 조소앙, 《遺芳集》
- 황현, 《매천야록》

저서

- 김창수, 《韓國近代의 民族意識 研究》, 同和出版公社, 1987.
- 서영희, 《대한제국 정치사연구》, 서울대학교 출판부, 2003.
- 殉烈精神宣揚會 편, 一醒李儁先生篇, 한국문화사, 1955.
- 신용하, 《독립협회연구》, 일조각, 1976.
- 역사학회 편, 《露日戰爭前後 日本의 韓國侵略》, 일조각, 1986.
- 왕현종, 《한국 근대국가의 형성과 갑오개혁》, 역사비평사, 2003.
- 윤병석, 《韓國獨立의 해외사적 탐방기》, 지식산업사, 1994.

- 윤병석, 《이상설전》, 일조각, 1998.
- 이광린, 《韓國史講座; 近代篇》, 1981.
- 李善俊, 《一醒李儁烈士》, 世運文化社, 1973.
- 一醒會, 《一醒 李儁烈士小傳》, 1964.
- 홍효민, 《一醒李儁 永生의 密使》, 治刑協會, 1959.

논문

- 강성조, 〈桂庭 閔泳煥 硏究〉, 《관동사학》 2, 1984.
- 김현철, 〈제2차 일본 망명시기 박영효의 행적과 정변시도〉, 《근현대사강좌》 11, 2000.
- 손정숙, 〈구한말 헐버트의 대한인식과 그 활동〉, 《이화사학연구》 22, 1995.
- 신세라, 〈정순만의 생애와 민족운동〉, 《한국근현대사연구》 25, 2003.
- 신용하, 〈구한말 輔安會의 창립과 민족운동〉, 《한국사회사연구회논문집》 44, 1994.
- 신혜경, 〈대한제국기 국민교육회 연구〉, 《이화사학연구》 20·21합집.
- 오영섭, 〈대종교 창시 이전 나인영의 민족운동〉, 《한국민족운동사연구》 39, 2004.
- 오영섭, 〈한말의병운동의 발발과 전개에 미친 고종 황제의 역할〉, 《東方學志》 128, 2004.
- 유영렬, 〈大韓自强會의 愛國啓蒙運動〉, 《韓國近代民族主義運動史研究》, 일조각, 1987.
- 유영열, 《대한제국기의 민족운동》, 일조각, 1997.
- 윤병석, 〈李相卨의 遺文과 李儁·張仁煥·田明雲의 義烈〉, 《한국독립운동

사연구》 2, 1988
- 윤병희, 〈第2次 日本亡命時節 朴泳孝의 쿠데타陰謀事件〉, 《李基白先生古稀紀念韓國史學論叢》 下, 1994.
- 윤병희, 〈일본망명시절 유길준의 쿠테타음모사건〉, 《한국근현대사연구》 3, 1995.
- 이송희, 〈한북흥학회의 조직과 활동〉, 《1900년대의 애국계몽운동연구》, 아세아문화사, 1993.
- 일성이준열사기념사업회 편, 이준과 만국평화회의 : 탄신 138주년, 순국 90주년 특별기획도록, 1997
- 최기영, 〈舊韓末 共進會에 관한 一考察〉, 《세종사학》 1집, 1992.
- 최기영, 〈한말 국민교육회의 설립에 관한 검토〉, 《한국근현대사연구》 1, 1994.
- 최기영, 〈헌정연구회에 관한 일고찰〉, 《1900년대의 애국계몽운동연구》, 아세아문화사, 1993.
- 최종고, 〈헤이그 밀사 애국검사 李儁〉, 《韓國의 법률가像》, 길안사, 1995.
- 한규무, 〈尙洞靑年會에 대한 연구 1897~1914〉, 《역사학보》 126, .
- 한규무, 〈1990년대 서울지역 기독교회와 민족운동의 동향-정동·상동·연동교회를 중심으로-〉, 《한국민족운동사연구》 19, 1998.

찾아보기

ㄱ

강화도조약 30, 32
강화석 59
게일 98, 114
경운궁 72
경응의숙 67
경학원 44, 46
고영희 75
고종 22, 36, 53, 54
공진회 106, 107, 110, 111, 115, 117
관민공동회 74, 75, 78
관보 57, 58
광혜원 47
구본순 110
국민교육회 114, 116, 117, 139, 144
국민사범학교 140
국채보상기성회 154
국채보상부인회 155
국채보상연합회의소 157
국채보상운동 152, 155, 158
군국기무처 51
권업신문 210
권업회 210

권중현 131, 132
권형진 109
그레이트하우스 57
기산도 147
김가진 75, 88
김광제 153, 156~158
김구 170
김규홍 155
김낙헌 147
김명규 75
김명제 119
김명준 106
김병시 23~25, 38~40, 42, 46, 49, 54, 66, 69, 171
김봉학 135
김성희 154
김영선 98
김용규 39, 40
김유성 44
김인식 39, 147, 157
김정근 110
김정목 110
김정식 89, 113, 115, 117
김종한 101, 120

김진극 106
김현두 210
김현토 185
김홍륙 109
김홍집 34, 36, 51, 52, 53, 54, 59, 60, 63, 66

ㄴ

나유석 105, 106, 110, 111, 182
나인영 124, 126, 136, 147
남궁억 70, 72, 74, 79, 84
넬리도프 197
노덕서원 41, 42, 44

ㄷ

대한광무황제친서 177
대한자강회 142
대한협동회 104
독립신문 210
독립협회 70~72, 74, 78, 80, 84, 86, 94, 96, 153
돈유문 177
동문학 47
동학농민운동 49

ㄹ

러시아 공사관 72
러일전쟁 93
루스벨트 124, 129

ㅁ

만국평화회의 48, 158, 160, 161, 165, 169, 170, 175, 186, 190, 197, 199
만민공동회 70, 73, 80, 81, 95, 153
모건 124
민겸호 36
민병두 139
민병한 110, 111
민시중 43
민영기 131
민영찬 127, 128
민영환 72, 73, 75, 86, 89, 90, 112, 125, 127, 133~135, 137, 164, 166
민유중 43
민정중 43, 44
민종묵 80

ㅂ

박규수 28
박영효 52~54, 56, 59, 60, 67, 83, 84, 88, 96, 126
박용규 156, 157
박용만 96, 185, 201
박은식 144, 157
박정양 34, 54, 59, 60, 72~75, 78, 86, 88, 121
박제순 122, 131~133
법관양성소 55, 57~59
벙커 98
베델 159
베베르 65

보광학교 140
보안회 102, 103, 144

ㅅ

상동교회 98, 115, 136, 137, 139
상동청년회 137, 139, 144, 170
상민회 105
서광범 53, 56, 67
서병규 156, 157
서병길 117
서병철 117
서상돈 153
서우학회 144
서재필 67, 83
서전서숙 48, 167, 170, 183
서정순 75, 171~173
설태희 146
성낙준 96
손병희 105
송병선 135
송병준 103, 105, 106, 113
송수만 101, 103
송인섭 103
송헌주 201, 202
신기선 53, 103
신해환 210
신헌 28
신흥우 96, 97
심상진 101
심상훈 166
심의성 117, 142

심의승 117

ㅇ

아관파천 59, 65, 67, 88
아펜젤러 98
안경수 109
안녕수 79
안중근 183
안창호 157, 170, 181, 182
알렌 65, 124
양기탁 84, 89, 104, 157, 159, 170
양의종 96
양한묵 101, 106, 111, 117, 120, 124, 126
양한문 157
양홍묵 74
어윤중 34, 66
엄세영 53
엡윗청년회 137, 139
여규형 48
여조현 48
여준 48
연동교회 113, 115, 137
오기호 124, 136, 147
오산학교 48
오상규 144, 145
우범선 61
원세성 101, 103
유근 139
유기환 82
유길준 66, 67, 83, 88, 92
유성준 89, 96, 114

유신회 103
유자후 38
유정수 67, 139
유종익 95
유진형 117
유진호 144
유학주 104
육영공원 47
윤병 117
윤병구 201, 206
윤시병 103, 104
윤웅렬 159
윤일병 185
윤주찬 124
윤치호 70, 74, 78, 79, 82, 126
윤택영 147
윤하영 106, 110
윤효정 84, 106, 110, 111, 117, 121, 142
을사오적 132
이갑 139, 157, 170, 181, 182
이강호 158
이건석 104
이건호 148
이경직 61
이광좌 42
이규악 210
이근명 133
이근택 89, 131, 132
이기 117, 120, 124, 126
이기동 82
이도익 59
이도재 101, 157, 171, 173

이돈하 40
이동녕 48, 79, 84, 166, 167, 183, 185
이동명 167
이동휘 89, 104, 137, 144, 145, 157, 170
이면우 149, 156, 157
이명재 135
이범세 48
이범진 163, 164, 169, 186
이병권 10
이상설 47, 48, 89, 100, 104, 137, 164, 165~167, 169, 170, 183~186, 205, 206, 209, 210
이상재 70, 72, 74, 78, 79, 82, 86, 89, 96, 98, 104, 126
이상철 135
이선재 58
이설 135
이승만 70, 72, 74, 79, 84, 96, 97, 104, 185
이승훈 170
이시영 47, 48, 49
이완식 134
이완용 88, 131, 132
이용 41
이용구 105
이용우 47
이용익 112, 127, 144, 146, 161~164, 167, 169, 181
이운 206
이원긍 89, 96, 98, 113~116
이원직 105
이위종 164, 171, 186, 190, 201, 205, 206, 209
이유승 47

이유인 108, 110, 147
이윤용 147, 148
이윤종 117
이인재 39, 112
이일정 49, 99, 155, 182
이재규 143, 144
이재순 54
이종건 75
이종일 156, 157
이종협 147, 148
이종호 144, 146, 181, 182, 210
이준선생전 38
이준열사기념관 216
이준용 52, 88
이중하 48, 120
이지용 131~133
이하영 88, 131, 143, 147, 151
이한응 116
이항복 41, 42
이현석 95, 98
이회영 47, 48, 137, 170
일성회 211
일진회 104, 105, 110, 113
임오군란 36, 37

ㅈ

장기렴 117
장박 63, 66, 67
장지연 74, 79, 84, 142, 154, 157
전덕기 98, 114, 136~138, 170, 176
전승진 44

정교 78, 79
정동교회 115, 137
정병하 66
정석규 148
정순만 95, 98, 102, 166, 167, 183, 185, 201
정운복 104
정한론 67
정항모 111
조던 93
조미수호통상조약 122
조병 42
조병세 133, 135, 166
조병식 80, 82
조병호 73
조희연 53, 66, 67
존스 98
주만복 16
주시경 137
주우 145
중명전 174
진명회 105, 106
진보회 105

ㅊ

차석보 185
최문현 59
최병익 167
최병헌 114
최봉준 185
최익현 22, 29, 30, 64

최재형 185
최정덕 79, 83
최제우 49
최준식 59

ㅌ

통리기무아문 34

ㅍ

파블로프 161, 162, 166, 169
평화회의보 199
포츠머스 강화회의 121, 124, 162
포츠머스조약 125
피상범 57

ㅎ

한규설 75, 76, 80, 86, 131, 156
한병교 143

한북흥학회 145
한성감옥 96, 98, 99, 106
한성순보 47
한성재판소 58, 59
한성주보 47
한인민회의 183
한일의정서 93, 99, 101
해아밀사친임장 177
허위 104
헌정연구회 117~119, 121, 142
헐버트 126, 128, 129, 130, 167, 175, 206
현채 139
홍범14조 54
홍영식 34
홍우창 33, 34
홍재기 89, 113, 117, 143
홍필주 117
황국협회 81, 82, 84
황성신문 100, 132, 154
흥덕사 109
흥선대원군 13, 14, 22, 23, 28, 36

고종 황제의 마지막 특사 이준

1판 1쇄 발행 2007년 1월 17일
1판 2쇄 발행 2020년 8월 15일

글쓴이   이계형
기　 획   독립기념관 한국독립운동사연구소
펴낸이   주혜숙
펴낸곳   역사공간
　　　　 주소: 04000 서울특별시 마포구 동교로19길 52-7 PS빌딩 4층
　　　　 전화: 02-725-8806
　　　　 팩스: 02-725-8801
　　　　 E-mail: jhs8807@hanmail.net
　　　　 등록: 2003년 7월 22일 제6-510호

ISBN 978-89-90848-33-8 03900

· 잘못된 책은 바꿔 드립니다.

역사공간이 펴내는 '한국의 독립운동가들'

독립기념관은 독립운동사 대중화를 위해 향후 10년간 100명의 독립운동가를 선정하여, 그들의 삶과 자취를 조명하는 열전을 기획하고 있다.

001 근대화의 선각자 - 최광옥의 삶과 위대한 유산
002 대한제국군에서 한국광복군까지 - 황학수의 독립운동
003 대륙에 남긴 꿈 - 김원봉의 항일역정과 삶
004 중도의 길을 걸은 신민족주의자 - 안재홍의 생각과 삶
005 서간도 독립군의 개척자 - 이상룡의 독립정신
006 고종 황제의 마지막 특사 - 이준의 구국운동
007 민중과 함께 한 조선의 간디 - 조만식의 민족운동
008 봉오동·청산리 전투의 영웅 - 홍범도의 독립전쟁
009 유림 의병의 선도자 - 유인석
010 시베리아 한인민족운동의 대부 - 최재형
011 기독교 민족운동의 영원한 지도자 - 이승훈
012 자유를 위해 투쟁한 아나키스트 - 이회영
013 간도 민족독립운동의 지도자 - 김약연
014 대한민국 임시정부의 민족혁명가 - 윤기섭
015 서북을 호령한 여성독립운동가 - 조신성
016 독립운동 자금의 젖줄 - 안희제
017 3·1운동의 얼 - 유관순
018 대한민국임시정부의 안살림꾼 - 정정화
019 노구를 민족제단에 바친 의열투쟁가 - 강우규
020 미 대륙의 항일무장투쟁론자 - 박용만
021 영원한 대한민국임시정부의 요인 - 김철
022 혁신유림계의 독립운동을 주도한 선각자 - 김창숙
023 시대를 앞서간 민족혁명의 선각자 - 신규식
024 대한민국을 세운 독립운동가 - 이승만
025 한국광복군 총사령 - 지청천
026 독립협회를 창설한 개화·개혁의 선구자 - 서재필
027 만주 항일무장투쟁의 신화 - 김좌진
028 일왕을 겨눈 독립투사 - 이봉창
029 만주지역 통합운동의 주역 - 김동삼
030 소년운동을 민족운동으로 승화시킨 - 방정환
031 의열투쟁의 선구자 - 전명운
032 대종교와 대한민국임시정부 - 조완구
033 재미한인 독립운동의 표상 - 김호
034 천도교에서 민족지도자의 길을 간 - 손병희
035 계몽운동에서 무장투쟁까지의 선도자 - 양기탁
036 무궁화 사랑으로 삼천리를 수놓은 - 남궁억
037 대한 선비의 표상 - 최익현
038 희고 흰 저 천 길 물 속에 - 김도현
039 불멸의 민족혼 되살려 낸 역사가 - 박은식
040 독립과 민족해방의 철학사상가 - 김중건
041 실천적인 민족주의 역사가 - 장도빈
042 잊혀진 미주 한인사회의 대들보 - 이대위
043 독립군을 기르고 광복군을 조직한 군사전문가 - 조성환
044 우리말·우리역사 보급의 거목 - 이윤재
045 의열단·민족혁명당·조선의용대의 영혼 - 윤세주
046 한국의 독립운동을 도운 영국 언론인 - 배설
047 자유의 불꽃을 목숨으로 피운 - 윤봉길
048 한국 항일여성운동계의 대모 - 김마리아
049 극일에서 분단을 넘은 박애주의자 - 박열
050 영원한 자유인을 추구한 민족해방운동가 - 신채호

051 독립전쟁론의 선구자 광복회 총사령 – 박상진
052 민족의 독립과 통합에 바친 삶 – 김규식
053 '조선심'을 주창한 민족사학자 – 문일평
054 겨레의 시민사회운동가 – 이상재
055 한글에 빛을 밝힌 어문민족주의자 – 주시경
056 대한제국의 마지막 숨결 – 민영환
057 좌우의 벽을 뛰어넘은 독립운동가 – 신익희
058 임시정부와 흥사단을 이끈 독립운동계의 재상 – 차리석
059 대한민국임시정부의 초대 국무총리 – 이동휘
060 청렴결백한 대한민국 임시정부의 지킴이 – 이시영
061 자유독립을 위한 밀알 – 신석구
062 전인적인 독립운동가 – 한용운
063 만주 지역 민족통합을 이끈 지도자 – 정이형
064 민족과 국가를 위해 살다 간 지도자 – 김구
065 대한민국임시정부의 이론가 – 조소앙
066 타이완 항일 의열투쟁의 선봉 – 조명하
067 대륙에 용맹을 떨친 명장 – 김홍일
068 의열투쟁에 헌신한 독립운동가 – 나창헌
069 한국인보다 한국을 더 사랑한 미국인 – 헐버트
070 3·1운동과 임시정부 수립의 숨은 주역 – 현순
071 대한독립을 위해 하늘을 날았던 한국 최초의 여류비행사 – 권기옥
072 대한민국임시정부의 정신적 지주 – 이동녕
073 독립의군부의 지도자 – 임병찬
074 만주 무장투쟁의 맹장 – 김승학
075 독립전쟁에 일생을 바친 군인 – 김학규

076 시대를 뛰어넘은 평민 의병장 – 신돌석
077 남만주 최후의 독립군 사령관 – 양세봉
078 신대한 건설의 비전, 무실역행의 독립운동가 – 송종익
079 한국 독립운동의 혁명 영수 – 안창호
080 광야에 선 민족시인 – 이육사
081 살신성인의 길을 간 의열투쟁가 – 김지섭
082 새로운 하나된 한국을 꿈꾼 – 유일한
083 투탄과 자결, 의열투쟁의 화신 – 나석주
084 의열투쟁의 이론을 정립하고 실천한 – 류자명
085 신학문과 독립운동의 선구자 – 이상설
086 민중에게 다가간 독립운동가 – 이종일
087 의병전쟁의 선봉장 – 이강년
088 독립과 통일 의지로 일관한 신뢰의 지도자 – 여운형
089 항일변호사의 선봉 – 김병로
090 세대·이념·종교를 아우른 민중의 지도자 – 권동진
091 경술국치에 항거한 순국지사 – 황현
092 통일국가 수립을 위해 분투한 독립운동가 – 김순애
093 불법으로 나라를 구하고자 한 불교인 – 김법린
094 독립공군 육성에 헌신한 대한민국임시정부 군무 총장 – 노백린
095 불교계 독립운동의 지도자 – 백용성
096 재미한인 독립운동을 이끈 항일 언론인 – 백일규
097 재중국 한국인 아나키스트운동의 실천적 지도자 – 류기석
098 대한민국임시정부의 후원자 – 장제스
099 우리 말글을 목숨처럼 지킨 – 최현배